铁路改革研究丛书

铁路运输定价机制研究

左大杰 等 著

西南交通大学出版社

·成 都·

图书在版编目（ＣＩＰ）数据

铁路运输定价机制研究 / 左大杰等著. 一成都：
西南交通大学出版社，2020.3
（铁路改革研究丛书）
ISBN 978-7-5643-7402-0

Ⅰ . ①铁… Ⅱ . ①左… Ⅲ . ①铁路运输 – 定价 – 研究
– 中国 Ⅳ . ①F532.6

中国版本图书馆 CIP 数据核字（2020）第 054314 号

铁路改革研究丛书
Tielu Yunshu Dingjia Jizhi Yanjiu
铁路运输定价机制研究

左大杰　等　著

责 任 编 辑	罗爱林
封 面 设 计	曹天擎

出 版 发 行	西南交通大学出版社 （四川省成都市金牛区二环路北一段 111 号 西南交通大学创新大厦 21 楼）
发行部电话	028-87600564　028-87600533
邮 政 编 码	610031
网　　　址	http://www.xnjdcbs.com
印　　　刷	四川煤田地质制图印刷厂
成 品 尺 寸	170 mm × 230 mm
印　　　张	14.75
字　　　数	219 千
版　　　次	2020 年 3 月第 1 版
印　　　次	2020 年 3 月第 1 次
书　　　号	ISBN 978-7-5643-7402-0
定　　　价	96.00 元

总 序

　　我国铁路改革始于 20 世纪 70 年代末。在过去的 40 多年里，铁路的数次改革均因铁路自身的发展不足或改革的复杂性而搁置，铁路改革已大大滞后于国家的整体改革和其他行业改革，因而铁路常被称为"计划经济最后的堡垒"。2013 年 3 月，国家铁路局和中国铁路总公司①（以下简称铁总）分别成立，我国铁路实现了政企分开，铁路管理体制改革再一次成为行业研究的热点。

　　以中国共产党第十八届中央委员会第三次全体会议（简称中共十八届三中全会）为标志，全面深化铁路改革已经站在新的历史起点上。在新的时代背景下，全面深化铁路改革，必须充分考虑当前我国的国情、路情及铁路行业发展中新的关键问题，并探索解决这些关键问题的方法。经过较长时间的调研与思考，作者认为当前深化铁路改革必须解决如下 12 个关键问题。

　　第一，铁路国家所有权政策问题。国家所有权政策是指有关国家出资和资本运作的公共政策，是国家作为国有资产所有者要实现的总体目标，以及国有企业为实现这些总体目标而制定的实施战略。目前，如何处理国家与铁路之间的关系，如何明确国有经济在铁路行业的功能定位与布局，以及国有经济如何在铁路领域发挥作用，是全面深化铁路改革在理论层面的首要关键问题。

　　第二，铁路网运关系问题。铁路网运合一、高度融合的经营管理体制，是阻碍社会资本投资铁路的"玻璃门"，也是铁路混合所有制难以推进、公益性补偿机制难以形成制度性安排的根源，因而是深化铁路改革难以逾越的体制性障碍。如何优化铁路网运关系，是全面深化

---

① 2019 年 6 月 18 日，中国铁路总公司正式改制挂牌成立中国国家铁路集团有限公司。

铁路改革在实践层面的首要关键问题。

第三，铁路现代企业制度问题。中共十八届三中全会明确提出，必须适应市场化、国际化的新形势，进一步深化国有企业改革，推动国有企业完善现代企业制度。我国铁路除了工程、装备领域企业之外，铁总及所属 18 个铁路局[①]、3 个专业运输公司绝大多数均尚未建立起完善且规范的现代企业制度，公司制、股份制在运输主业企业中还不够普及。

第四，铁路混合所有制问题。发展铁路混合所有制不仅可以提高铁路国有企业的控制力和影响力，还能够提升铁路企业的竞争力。当前[②]我国铁路运输主业仅有 3 家企业（分别依托 3 个上市公司作为平台）具有混合所有制的特点，铁总及其所属企业国有资本均保持较高比例甚至达到 100%，铁路国有资本总体影响力与控制力极弱。

第五，铁路投融资体制问题。"铁路投资再靠国家单打独斗和行政方式推进走不动了，非改不可。投融资体制改革是铁路改革的关键，要依法探索如何吸引社会资本参与。"[③] 虽然目前从国家、各部委到地方都出台了一系列鼓励社会资本投资铁路的政策，但是效果远不及预期，铁路基建资金来源仍然比较单一，阻碍社会资本进入铁路领域的"玻璃门"依然存在。

第六，铁路债务处置问题。铁总在政企分开后承接了原铁道部的资产与债务，这些巨额债务长期阻碍着铁路的改革与发展。2016 年，铁总负债已达 4.72 万亿元（较上年增长 15%），当年还本付息就达到 6 203 亿元（较上年增长 83%）；随着《中长期铁路网规划（2016—2030）》（发改基础〔2016〕1536 号）的不断推进，如果铁路投融资体制改革不能取得实质性突破，铁路债务总体规模将加速扩大，铁路债务风险将逐步累积。

---

① 2017 年 7 月"铁路改革研究丛书"第一批两本书出版时，18 个铁路局尚未改制为集团有限公司，为保持丛书总序主要观点一致，此次修订仍然保留了原文的表述方式（类似情况在丛书总序中还有数处）。

② 此处是指 2017 年 7 月"铁路改革研究丛书"第一批两本书出版的时间。截至本丛书总序此次修订时，铁路混合所有制已经取得了积极进展，但是铁路国有资本总体影响力与控制力仍然较弱。

③ 2014 年 8 月 22 日，国务院总理李克强到中国铁路总公司考察时做出上述指示。

第七，铁路运输定价机制问题。目前，铁路运输定价、调价机制还比较僵化，适应市场的能力还比较欠缺，诸多问题导致铁路具有明显技术优势的中长途以及大宗货物运输需求逐渐向公路运输转移。建立科学合理、随着市场动态调整的铁路运价机制，对促进交通运输供给侧结构性改革、促进各种运输方式合理分工具有重要意义。

第八，铁路公益性补偿问题。我国修建了一定数量的公益性铁路，国家铁路企业承担着大量的公益性运输。当前铁路公益性补偿机制存在制度设计缺失、补偿对象不明确、补偿方式不完善、补偿效果不明显、监督机制缺乏等诸多问题。公益性补偿机制设计应从公益性补偿原理、补偿主体和对象、补偿标准、保障机制等方面入手，形成一个系统的制度性政策。

第九，铁路企业运行机制问题。目前，国家铁路企业运行机制仍受制于铁总、铁路局两级法人管理体制，在前述问题得到有效解决之前，铁路企业运行的有效性和市场化不足。而且，铁总和各铁路局目前均为全民所有制企业，实行总经理（局长）负责制，缺少现代企业制度下分工明确、有效制衡的企业治理结构，决策与执行的科学性有待进一步提高。

第十，铁路监管体制问题。铁路行业已于 2013 年 3 月实现了政企分开，但目前在市场准入、运输安全、服务质量、出资人制度、国有资产保值/增值等方面的监管还比较薄弱，存在监管能力不足、监管职能分散等问题，适应政企分开新形势的铁路监管体制尚未形成。

第十一，铁路改革保障机制问题。全面深化铁路改革涉及经济社会各方面的利益，仅依靠行政命令等形式推进并不可取。只有在顶层设计、法律法规、技术支撑、人力资源以及社会舆论等保障层面形成合力，完善铁路改革工作保障机制，才能推进各阶段工作的有序进行。目前，铁路改革的组织领导保障、法律法规保障、技术支撑保障、人力资源保障、社会舆论环境等方面没有形成合力，个别方面还十分薄弱。

第十二，铁路改革目标路径问题。中共十八届三中全会以来，电力、通信、油气等关键领域改革已取得重大突破，但关于铁路改革的顶层设计尚未形成或公布。个别非官方的改革方案对我国国情与铁路的实际情况缺乏全面考虑，并对广大铁路干部职工造成了较大困扰。

"十三五"是全面深化铁路改革的关键时期，当前亟须结合我国铁路实际研讨并确定铁路改革的目标与路径。

基于上述对铁路改革发展 12 个关键问题的认识，作者经过广泛调研并根据党和国家有关政策，初步形成了一系列研究成果，定名为"铁路改革研究丛书"，主要包括 12 本专题和 3 本总论。

（1）《铁路国家所有权政策研究》：铁路国家所有权政策问题是全面深化铁路改革在理论层面的首要关键问题。本书归纳了国外典型行业的国家所有权政策的实践经验及启示，论述了我国深化国有企业改革过程中在国家所有权政策方面的探索，首先阐述了铁路国家所有权政策的基本概念、主要特征和内容，然后阐述了铁路的国家所有权总体政策，并分别阐述了铁路工程、装备、路网、运营、资本等领域的国家所有权具体政策。

（2）《铁路网运关系调整研究》：铁路网运关系调整是全面深化铁路改革在实践层面的首要关键问题。本书全面回顾了国内外网络型自然垄断企业改革的成功经验（特别是与铁路系统相似度极高的通信、电力等行业的改革经验），提出了"路网宜统、运营宜分、统分结合、网运分离"的网运关系调整方案，并建议网运关系调整应坚持以"顶层设计+自下而上"的路径进行。

（3）《铁路现代企业制度研究》：在现代企业制度基本理论的基础上，结合国外铁路现代企业制度建设的相关经验和国内相关行业的各项实践及其启示，立足于我国铁路建立现代企业制度的现状，通过理论研究与实践分析相结合的方法，提出我国铁路现代企业制度建设的总体思路和实施路径，包括铁总改制阶段、网运关系调整阶段的现代企业制度建设以及现代企业制度的进一步完善等实施路径。

（4）《铁路混合所有制研究》：我国国家铁路企业所有制形式较为单一，亟须通过混合所有制改革扩大国有资本控制力，扩大社会资本投资铁路的比例，但是网运合一、高度融合的体制是阻碍铁路混合所有制改革的"玻璃门"。前期铁路网运关系的调整与现代企业制度的建立为铁路混合所有制改革创造了有利条件。在归纳分析混合所有制政策演进以及企业实践的基础上，阐述了我国铁路混合所有制改革的总体思路、实施路径、配套措施与保障机制。

（5）《铁路投融资体制研究》：以铁路投融资体制及其改革为研究对象，探讨全面深化铁路投融资体制改革的对策与措施。在分析我国铁路投融资体制改革背景与目标的基础上，借鉴了其他行业投融资改革实践经验，认为铁路产业特点与网运合一体制是阻碍社会资本投资铁路的主要原因。本书研究了投资决策过程、投资责任承担和资金筹集方式等一系列铁路投融资制度，并从投融资体制改革的系统性原则、铁路网运关系调整（基于统分结合的网运分离）、铁路现代企业制度的建立、铁路混合所有制的建立等方面提出了深化铁路投融资体制改革的对策与措施。

（6）《铁路债务处置研究》：在分析国内外相关企业债务处置方式的基础上，根据中共十八大以来党和国家国有企业改革的有关政策，提出应兼顾国家、企业利益，采用"债务减免""债转资本金""债转股""产权（股权）流转"等措施合理处置铁路巨额债务，并结合我国国情、路情以及相关政策，通过理论研究和实践分析，提出了我国铁路债务处置的思路与实施条件。

（7）《铁路运输定价机制研究》：在铁路运价原理的基础上阐述价值规律、市场、政府在铁路运价形成过程中的作用，阐述了成本定价、竞争定价、需求定价3种方式及其适用范围，研究提出了针对具有公益性特征的路网公司采用成本导向定价，具有商业性特征的运营公司采用竞争导向定价的运价改革思路。

（8）《铁路公益性补偿机制研究》：分析了当前我国铁路公益性面临补贴对象不明确、补贴标准不透明、制度性安排欠缺等问题，认为公益性补偿机制设计应从公益性补偿原理、补偿主体和对象、补偿标准、保障机制等方面形成一个系统的制度性政策，并从上述多个层面探讨了我国铁路公益性补偿机制建立的思路和措施。

（9）《铁路企业运行机制研究》：国家铁路企业运行机制仍受制于铁总、铁路局两级法人管理体制，企业内部缺乏分工明确、有效制衡的企业治理结构。在归纳分析国外铁路企业与我国典型网络型自然垄断企业运行机制的基础上，提出了以下建议：通过网运关系调整使铁总"瘦身"成为路网公司；通过运营业务公司化，充分发挥运输市场竞争主体、网运关系调整推动力量和资本市场融资平台三大职能；通过进一步规范公司治理和加大改革力度做强、做优铁路工程与装备行业；从日益壮大的国有资本与国有经济中获得资金或资本，建立铁路国有资本投资运营公司，以铁路国资改革促进铁路国企改革。

（10）《铁路监管体制研究》：通过分析我国铁路监管体制现状及存在的问题，结合政府监管基础理论及国内外相关行业监管体制演变历程与经验，提出我国铁路行业监管体制改革的总体目标、原则及基本思路，并根据监管体制设置的一般模式，对我国铁路监管机构设置、职能配置及保障机制等关键问题进行了深入分析，以期为我国铁路改革提供一定的参考。

（11）《铁路改革保障机制研究》：在分析我国铁路改革的背景及目标的基础上，从铁路改革的顶层设计、法律保障、政策保障、人才保障和其他保障等方面，分别阐述其现状及存在的问题，并借鉴其他行业改革保障机制实践经验，结合国外铁路改革保障机制的实践与启示，通过理论研究和分析，提出了完善我国铁路改革保障机制的建议，以保证我国铁路改革相关工作有序推进和持续进行。

（12）《铁路改革目标与路径研究》：根据党和国家关于国企改革的一系列政策，首先提出了铁路改革的基本原则（根本性原则、系统性原则、差异性原则、渐进性原则、持续性原则），然后提出了我国铁路改革的目标和"六步走"的全面深化铁路改革路径，并对"区域分割""网运分离""综合改革"3个方案进行了比选，最后从顶层设计、法律保障、人才支撑等方面论述了铁路改革目标路径的保障机制。

在12个专题的基础上，作者考虑到部分读者的时间和精力有限，将全面深化铁路改革的主要观点和建议进行了归纳和提炼，撰写了3本总论性质的读本：《全面深化铁路改革研究：总论》《全面深化铁路改革研究：N问N答》《全面深化铁路改革研究：总体构想与实施路线》。其中，《全面深化铁路改革：N问N答》一书采用一问一答的形式，对铁路改革中的一些典型问题进行了阐述和分析，方便读者阅读。

本丛书的主要观点和建议，均为作者根据党和国家有关政策并结合铁路实际展开独立研究而形成的个人观点，不代表任何机构或任何单位的意见。

感谢西南交通大学交通运输与物流学院为丛书研究提供的良好学术环境。丛书的部分研究成果获得西南交通大学"中央高校基本科研业务费科技创新项目"（26816WCX01）的资助。本丛书中《铁路投融资体制研究》《铁路债务处置研究》两本书由西南交通大学中国高铁发展战略研究中心资助出版（2017年），《铁路国家所有权政策研究》（2682018WHQ01）（2018年）、《铁路现代企业制度研究》（2682018WHQ10）（2019年）两本书由西南交通大学"中央高校基本科研业务费文科科研项目"后期资助项目资助出版。感谢中国发展出版社宋小凤女士、西南交通大学出版社诸位编辑在本丛书出版过程中给予的大力支持和付出的辛勤劳动。

本丛书以铁路运输领域理论工作者、政策研究人员、政府部门和铁路运输企业相关人士为主要读者对象，旨在为我国全面深化铁路改革提供参考，同时也可供其他感兴趣的广大读者参阅。

总体来说，本丛书涉及面广，政策性极强，实践价值高，写作难度很大。但是，考虑到当前铁路改革发展形势，迫切需要出版全面深化铁路改革系列丛书以表达作者的想法与建议。限于作者知识结构水平以及我国铁路改革本身的复杂性，本丛书难免有尚待探讨与诸多不足之处，恳请各位同行专家、学者批评指正（意见或建议请通过微信/QQ：54267550发送给作者），以便再版时修正。

左大杰

西南交通大学

2019 年 3 月 1 日

前　言

　　在全面深化铁路改革的背景下，不断完善我国铁路运输定价机制改革对于促进铁路运输市场化经营、保障我国铁路持续健康发展具有重要意义。我国铁路运输在多年的发展历程中曾长期处于政企合一、运价水平偏低的经营状态。目前，在多种运输方式迅速发展、市场经济不断深入的环境下，定价体系陈旧、价格调整周期长等问题日渐凸显，这已与当前我国铁路改革发展要求不相适应。铁路运输定价机制改革因此已成为全面深化铁路改革的关键问题之一。

　　本书回顾了我国铁路运输定价发展历程，充分考虑我国铁路"路网宜统、运营宜分、统分结合、网运分离"的网运关系调整趋势，提出"铁路公益性部分采用成本导向定价，铁路商业性部分采用竞争导向定价"的铁路运输定价机制改革思路，以期为深化铁路改革提供一定的参考。

　　本书共分为9章：

　　第1章绪论。阐述了本书的研究背景、研究意义、研究内容与研究方法，并分析了我国铁路客、货运定价体系发展历程与现状。

　　第2章运输定价理论。分析了影响运输定价的因素，以3种基本运输定价理论为基础，阐明常见的铁路运输定价方法。

　　第3章国外铁路运价体系的实践与启示。通过研究不同国家和地区铁路运输定价体系的改革实践，总结经验启示，以期为我国铁路运输定价机制研究提供一定的参考。

　　第4章我国其他运输方式定价机制的实践与启示。通过研究公路、航空、水路运输定价机制的发展历程，总结其宝贵经验，以供我国铁路运输定价机制研究借鉴。

　　第5章我国铁路运输现行运价体系及改革思路。分析了我国铁路现行定价体系及其存在的问题，并结合第 2 章的运输定价理论，第 3、4 章中国外铁路运输定价及其他运输方式定价的经验启示，提出了"铁路公益性部分采用成本导向定价，铁路商业性部分采用竞争导向定价"的铁路运输定价机制改革思路。

第 6 章基于成本导向的定价方法。基于"路网宜统、运营宜分、统分结合、网运分离"的网运关系调整趋势，以路网为例，阐述了基于成本导向定价的运行线定价计算方法，详细阐述了利用作业成本法计算铁路运行线成本的过程和利润加成率的确定方法。

第 7 章基于竞争导向的定价方法。主要基于网运关系调整趋势，以运营为例阐述了基于竞争导向定价时，采用运输分担率和博弈论确定铁路运输服务产品价格的具体方法，并分别介绍了其运用的基础理论和模型构建过程。

第 8 章对我国铁路运输定价机制的探讨。探讨了网运关系调整前后的运输定价思路，总结提炼了本书对运价改革的思路建议，并提出了加强铁路运价管理顶层设计、立法保障铁路运价改革成果、改善我国铁路价格监管体系的措施。

第 9 章结论与展望。总结了本书的研究成果，并提出了未来的研究展望。

西南交通大学左大杰副教授负责拟定本书的基本框架、总体思路与主要观点，并承担第 1 章、第 3~7 章、第 9 章的撰写；西南交通大学硕士研究生丁祎晨、王孟云分别承担第 2 章、第 8 章的撰写。其中，第 6 章、第 7 章分别吸收借鉴了丁祎晨的本科学位论文、宗小波的硕士学位论文的部分成果。全书由左大杰负责统稿。

本书参阅了大量国内外著作、学术论文和相关文献等资料（由于涉及文献较多，难免出现挂一漏万的情况），在此谨向这些作者表示由衷的谢意！

由于铁路运输定价的理论与实践仍在快速发展中，同时限于笔者水平，本书难免存在不当和疏漏之处，在此敬请各位同行及读者批评指正。

左大杰

2018 年 11 月 2 日

目 录

第 1 章 绪 论 …………………………………………… 001

1.1 研究背景及意义 …………………………………001
1.1.1 我国铁路客运定价体系发展历程及现状 …… 002
1.1.2 我国铁路货运定价体系发展历程及现状 …… 005
1.1.3 研究意义 ……………………………………… 012
1.2 研究的必要性 …………………………………013
1.3 研究的可能性 …………………………………014
1.4 研究内容与研究方法 …………………………016
1.4.1 研究内容 ……………………………………… 016
1.4.2 研究方法 ……………………………………… 018
1.5 本章小结 ………………………………………019

第 2 章 运输定价理论 ……………………………… 020

2.1 运输定价基本理论 ……………………………020
2.1.1 运输成本导向定价理论 ……………………… 020
2.1.2 运输需求导向定价理论 ……………………… 023
2.1.3 运输竞争导向定价理论 ……………………… 024
2.2 铁路运输定价的影响因素 ……………………025
2.2.1 内部因素 ……………………………………… 025
2.2.2 外部因素 ……………………………………… 027
2.3 常见的铁路客货运输定价方法 ………………031
2.3.1 平均成本定价法 ……………………………… 031
2.3.2 边际成本定价法 ……………………………… 032

    2.3.3 效用定价理论与负担能力定价理论（货运定价）‥035

    2.3.4 供求关系定价理论 ……………………………… 036

    2.3.5 拉姆齐定价理论 ………………………………… 038

  2.4 **本章小结** …………………………………………039

第3章 国外铁路运价体系的实践与启示 ……………… 040

  3.1 **国外铁路客运运价体系** …………………………040

    3.1.1 美国 …………………………………………… 040

    3.1.2 日本 …………………………………………… 042

    3.1.3 法国 …………………………………………… 045

    3.1.4 德国 …………………………………………… 046

    3.1.5 英国 …………………………………………… 057

  3.2 **国外铁路货运运价体系** …………………………060

    3.2.1 美国 …………………………………………… 060

    3.2.2 日本 …………………………………………… 062

    3.2.3 俄罗斯 ………………………………………… 062

    3.2.4 法国 …………………………………………… 064

  3.3 **国外铁路定价体系对我国铁路定价机制改革的启示** ……065

    3.3.1 市场导向原则 ………………………………… 066

    3.3.2 分类定价原则 ………………………………… 067

    3.3.3 放松管制原则 ………………………………… 068

  3.4 **本章小结** …………………………………………068

第4章 我国其他运输方式定价机制的实践与启示 ……… 070

  4.1 **我国其他运输方式定价机制发展** …………………070

    4.1.1 公路运输定价机制发展 ……………………… 070

    4.1.2 航空运输定价机制发展 ……………………… 075

    4.1.3 水路运输定价机制发展 ……………………… 081

  4.2 **我国其他运输方式定价机制发展的启示** …………083

    4.2.1 立法保障运价改革原则 ……………………… 083

    4.2.2 市场化定价原则 ……………………………… 084

4.2.3　分类定价原则 ···································· 085

4.3　本章小结 ···086

第 5 章　我国铁路运输现行运价体系及改革思路 ············· 087

5.1　铁路旅客运输现行运价体系 ·····················087

5.1.1　普速铁路 ·· 087

5.1.2　高速铁路 ·· 091

5.2　铁路货物运输现行运价体系 ·····················093

5.2.1　我国铁路货物运价分类 ························ 093

5.2.2　我国铁路货物运费构成 ························ 093

5.2.3　我国铁路货物运费计算因素 ·················· 095

5.2.4　我国铁路货物运费计算流程 ·················· 097

5.2.5　算例（以整车为例）·························· 097

5.3　我国铁路运输定价机制管理体系 ·················098

5.3.1　我国铁路运价形成机制 ························ 099

5.3.2　我国铁路运价约束机制 ························ 100

5.3.3　我国铁路运价调控机制 ························ 101

5.4　我国铁路运输定价机制管理体系存在的问题 ·········101

5.5　一种可行的铁路运价改革思路 ·····················103

5.5.1　基本思路 ·· 103

5.5.2　路网产品定价思路——以成本导向定价为主···· 104

5.5.3　运营产品定价思路——以竞争导向定价为主···· 108

5.5.4　新思路下的铁路运输定价机制改革 ··········110

5.6　本章小结 ···115

第 6 章　基于成本导向的定价方法——以路网为例 ·········116

6.1　铁路运输成本 ·······································117

6.1.1　铁路运输成本的定义及作用 ·················· 117

6.1.2　铁路运输成本的分类及构成 ·················· 117

6.1.3　铁路运行线成本 ······························ 123

6.1.4　"网运分离"背景下的线路使用费 ··········· 124

　　　　6.1.5　运输成本的计算方法 ………………………… 130

　6.2　作业成本法计算铁路运行线成本的步骤及算例 ………139

　　　　6.2.1　运营作业指标体系与支出归集 ……………… 139

　　　　6.2.2　各项作业成本计算 144

　　　　6.2.3　旅客列车运行线成本算例 ………………… 147

　　　　6.2.4　货物列车运行线成本算例 ………………… 150

　6.3　利润加成率的确定 ………………………………………156

　6.4　本章小结 ………………………………………………157

第 7 章　基于竞争导向的定价方法——以运营为例 ………… 159

　7.1　运营竞争形势分析 ………………………………………160

　　　　7.1.1　不同运输方式间的竞争 ………………… 160

　　　　7.1.2　铁路货运企业与物流企业间的竞争 ………… 165

　　　　7.1.3　铁路运营竞争形势分析 ………………… 166

　7.2　基于运输分担率的竞争导向定价方法 ………………167

　　　　7.2.1　基础理论 ………………………………… 168

　　　　7.2.2　运输服务属性指标 ……………………… 171

　　　　7.2.3　效用函数构建 …………………………… 177

　　　　7.2.4　旅客运输分担率预测模型 ……………… 179

　　　　7.2.5　货物运输分担率预测模型 ……………… 185

　7.3　基于博弈论的竞争导向定价方法 ………………………187

　　　　7.3.1　博弈论概述 ……………………………… 187

　　　　7.3.2　博弈论的构成要素与均衡 ……………… 187

　　　　7.3.3　一种运价的 2 人博弈模型 ……………… 189

　7.4　铁路运价浮动机制 ………………………………………191

　　　　7.4.1　运价浮动的必要性 ……………………… 192

　　　　7.4.2　运价浮动的可行性 ……………………… 193

　　　　7.4.3　运价浮动的主要形式 …………………… 194

　7.5　本章小结 ………………………………………………194

第 8 章　对我国铁路运输定价机制的探讨 ……………………… 196

　　8.1　网运关系调整前后铁路运输定价思路对比 ……………196

　　　　8.1.1　网运关系调整前运输定价的主要特点 ……… 196

　　　　8.1.2　网运关系调整后运输定价的主要特点 ……… 197

　　　　8.1.3　网运关系调整前后分类定价的基本思路 …… 198

　　8.2　深化铁路运输定价改革的保障机制 ………………………199

　　　　8.2.1　加强顶层设计 ……………………………… 199

　　　　8.2.2　加强法律保障 ……………………………… 200

　　　　8.2.3　加强价格监管 ……………………………… 200

　　　　8.2.4　加强市场调查 ……………………………… 205

　　8.3　本章小结 ………………………………………………………206

第 9 章　结论与展望 ………………………………………………… 207

　　9.1　主要研究结论 ……………………………………………… 207

　　9.2　研究展望 ……………………………………………………208

参考文献 ……………………………………………………………… 210

后　记 ………………………………………………………………… 217

第 1 章　绪　论

1.1　研究背景及意义

高速铁路的修建以及"八纵八横"铁路快速客运通道的规划，标志着我国铁路已经进入高质量发展阶段。在铁路旅客运输高速化、大众化，并以较强竞争力活跃于旅客运输市场的同时，铁路货物运输也在飞速发展的物流业的巨大市场竞争压力下探寻发展之路，且竞争日趋激烈。

在影响铁路企业竞争活力的因素中，价格机制是其中一个重要因素[1]。价格机制指在市场竞争的过程中制约价格的形成和运行的机制[2]，与供求关系紧密联系又相互制约。价格机制是影响各类行业竞争活力的重要因素之一，也是市场经济的三大重要机制之一[3]。价格机制是市场机制的基础与核心，引导市场经济活动并调节社会资源的分配。价格的形成对市场竞争和企业行为有着重要影响。

2006 年之前，我国铁路投资规模相对稳定，行业整体保持相对稳定的盈利能力和收益水平。但是十几年来，铁路投资规模显著提升，其他方面却没有做出实质性调整和改变。由于铁路建设融资成本高、高铁大规模建设投入使用后折旧成本快速上涨等因素的影响，自 2016 年以来，铁路总公司净现金流愈发紧张。未来如果仅靠融资，铁路的财务状况将进一步恶化，再加上经济结构调整使铁路货运增速下滑，铁路收入前景不容乐观。种种问题的出现，使我国铁路运输企业背上沉重的包袱，行业改革迫在眉睫。运价作为铁路运输市场的直接参与者，其如何受到运输市场影响，以及如何通过改变运价来调整运输市场形势，将是研究解决铁路行业问题的一个极具价值的方面，因此价格改革是全面深化铁路改革的关键问题之一。

1.1.1 我国铁路客运定价体系发展历程及现状

1．1955—1982 年：高度集中的严格管理阶段

1955 年 6 月，全国铁路实行统一运价，运价水平保持在 0.014 9 元/（人·千米①）。这一水平一直持续了近 30 年，随着国家经济社会经历的巨大变化，运输需求增加，运价水平增长到 0.017 9 元/（人·千米）。这一运价水平长期偏离经济社会发展状况，背离了运输产品的成本价值，票价单一，阻碍了铁路运输的发展。

2．1982—1984 年：集中管理下的试探改革

1985 年 5 月，国家为了调节公路、铁路、航空的运输分流问题，调整了中短程货物运输价格；同时对铁路短距离客运票价进行了调整，包括市郊铁路、行李包裹等。距离小于 100 千米时，硬座票价由 0.017 55 元/（人·千米）改为 0.024 元/（人·千米），软座票价由 0.030 7 元/（人·千米）改为 0.042 元/（人·千米），分别提高了 36.75% 和 36.8%。

3．1984—2018 年：多元化运价改革

由于旅客票价长期僵化，严重背离铁路运输生产价值，导致旅客运输亏损日益严重。1989 年，国家调整了铁路客运票价，基本票价率由 0.017 55 元/（人·千米）改为 0.038 61 元/（人·千米），上调幅度为 120%。各种票价平均调整幅度为 113%，客运票价总水平为 0.041 64 元/（人·千米）。

20 世纪 90 年代，随着我国经济社会全面发展，国内整体消费和物价水平迅速增长。1995 年 10 月 1 日，我国又对铁路票价进行了一次大的调整：铁路旅客运输基价（普通旅客列车硬座价格）由 0.038 61 元/

---

① 铁路行业中有大量带有公里的指标名称，考虑到多方面的原因，本套丛书全部将这类指标名称中的"公里"改为"千米"。

（人·千米）改为 0.058 61 元/（人·千米），快速列车和行李包裹等运价有了相同幅度的调整，硬座、软座、硬卧和软卧的席别价格比由原来的 1 ∶ 1.75 ∶ 1.8 ∶ 3.85 改为 1 ∶ 2.0 ∶ 2.2 ∶ 3.85。

在这一改革过程中，铁路运价最主要的变化在于广深铁路公司的成立和股份制改革，以及铁路运输逐渐尝试不同的票价方法和内容，出现了新路新价、优质优价等形式。

1984 年，广深铁路公司成立，国家允许其实行特殊票价，可在统一运价的基础上有 50% 的上下浮动权[4]。1996 年，广深铁路公司改为股份有限公司，又获得了在原来价格基础上 50% 的上下浮动权。准高速列车运价根据市场情况自主定价。

为了调整客运量的季节性不平衡，广州铁路局对其管内运输实行季节性差价[5]。1992 年，全路的新型空调列车票价上涨 50%，实行优质优价。1993 年春节，对部分客流量大的线路实行浮动价。2000 年，经国务院批准，国家发展和改革委员会（以下简称"国家发改委"）下发了《关于部分旅客列车票价实行政府指导价有关问题的批复》，允许铁路客运票价在部分时间和线路上，根据运输市场的变化做出适当调整。2002 年，国家发改委下发了《关于公布部分旅客列车票价实行政府指导价执行方案的通知》，允许铁路客运在春运、暑运、"黄金周"期间根据运输市场情况适当浮动[6]。春运期间的运输能力紧张线路（通过能力利用率达到 90%）的部分旅客列车，在客流高峰期票价适当上浮[7, 8]；对部分客流量小的线路和时段旅客列车票价适当下浮。软卧票价最高可以上浮 35%，硬卧票价最高可以上浮 25%，硬座票价最高可以上浮 15%。该方案对暑期、五一等适宜假期的旅客列车票价浮动做出了规定。

我国的铁路票价改革历经几十年，但没有实现体制上的实质变化，改革阻力很大，而当前经济社会的发展情况要求铁路运输必须走市场化道路，定价权应该下放到运输企业手中。铁路客运需求在不断增长，我国正在大规模进行高速铁路建设，国家推进的"一带一路"倡议和"高铁走出去"战略正在逐步实施，所以建立一套完善的、适应铁路长足发展的票价制定体系迫在眉睫；同时，还应该充分认识到我国铁路运输的历史传统和国民经济水平，有步骤地建立新的铁路票价体系。

4．2019 年：当前形势

2017 年以来，中国铁路总公司（以下简称"铁总"）在市场化改革方面动作频频。2018 年 4 月，东南沿海高铁的票价进行了调整，多路段根据车次客流状况尝试区间票价。2019 年 1 月 5 日起，以时速 160 km 的复兴号动力集中型动车组正式进入中国铁路路网运营为标志，中国铁路普速列车开始更新换代，其票价有相应调整，如专栏 1-1 所示。票价调整被认为是铁路市场化改革的重要一步。运价灵活不仅可以提高铁路对市场的敏感度，加快铁总融入市场，也可以使铁路行业的收入预期与经营环境有所改善，提高铁路行业对社会资本的吸引力。

【专栏 1-1】 时速 160 km 普速列车票价普遍上浮

2019 年 1 月 5 日起，时速 160 km 复兴号动力集中型动车组（以下简称"时速 160 km 复兴号"）正式进入中国铁路路网运营，标志着中国铁路普速列车更新换代开始。而以目前上线运营的时速 160 km 复兴号列车车次来看，其票价相对于之前的普通旅客列车票价涨幅明显。

…………

关于铁路普通旅客列车票价，尤其是硬座、硬卧票价制定一直处于国家发改委的监管之下。2017 年 8 月 23 日，国家发改委发布的《关于进一步加强垄断行业价格监管的意见》（以下简称《意见》）显示，全面开展普通旅客列车运输成本监审，2017 年年底完成成本监审工作，提出完善普通旅客列车硬座、硬卧票价形成机制的意见。

《意见》[9]强调，对公益服务属性特征明显的部分普通旅客列车客运产品，统筹协调价格调节与财政补贴，完善价格形成机制，逐步构建以列车运行速度和等级为基础、体现服务质量差异的票价体系。

对于普通旅客列车软座、软卧票价，高铁动车组票价，国家发改委已放开。国家发改委分别于 2016 年 6 月 5 日和 2015 年 12 月 23 日发布《国家发展改革委关于完善铁路普通旅客列车软座、软卧票价形成机制有关问题的通知》和《关于改革完善高铁动车组旅客票价政策的通知》。通知均明确规定，在国家铁路上开行的普通旅客列车软座、软卧票价，设计时速 200 km 以上的高铁动车组列车一、二等座旅客票价，由铁路运输企业自主制定。

…………

中华人民共和国成立以来，中国铁路客票一直采取低运价制度，充分体现了铁路旅客运输的公益性，客票涨价仅进行过 4 次。其中1955—1985 年，基本票价曾维持 30 年不变。

最近的一次客票涨价是 1995 年 10 月 1 日。当时为缓解铁路客运价格偏低、企业严重亏损的问题，经国务院批准，铁路旅客票价基价率从 0.038 61 元 /（人·千米）调整到 0.058 61 元 /（人·千米），大约每千米 6 分钱。这一基准票价率一直执行至今，23 年未再变动。

资料来源：http：//m.sohu.com/a/290751112_120051966。

1.1.2 我国铁路货运定价体系发展历程及现状

1．我国铁路货物运输定价机制发展历程

自 1955 年全国范围的运价体系统一以来，我国在 60 多年的铁路运价改革历程中不断调整、发展，逐渐形成了政府与市场共同决定，政府指导价与市场调节价并存的铁路货运定价机制[8]。本章将我国铁路货运定价机制发展历程分为以下 4 个阶段：

（1）1955—1982 年严格管制阶段：全国统一，低运价政策。

1955—1982 年，我国尚属计划经济体制时期，铁路运输实行政企合一、高度计划、集中统一的严格管理。国家作为运价制定、管理、调整的主体在铁路货运定价体系中占据主导地位。

1955 年 6 月，国家对全国铁路货运定价机制进行了统一，在全国范围内实行相同的运价号与运价率，并于 1961 年、1962 年、1967 年下调了货物运价，实行长期低运价政策。在此期间，国家也分别于1961 年与 1967 年对铁路运输定价机制进行了简化，包括 1967 年的简化运价号、运价规章制度、计费方法和调整运价率等措施[9]。

这一阶段，铁路货物运输形成了规范、统一的货运定价机制，一定程度上促进了当时计划经济体制下的社会发展，但长期较低的货物运输价格也对铁路运输远期发展造成了不利影响。

（2）1983—2002 年适度放松管制阶段：不断调整，下浮自主化。

在我国逐渐由计划经济体制转变为市场经济体制的时代背景下，铁路货运定价机制在该时期也由前一阶段的严格管控逐渐得到了适度放松，并得到了一定的发展。

1983 年，国家重新制定了运价里程区段，提高零担运价和大宗货物的整车运价，增收专用货车使用费[10]；1985 年，对运输距离小于 200 km 的货物征收短途附加费；1990 年，物价大幅上涨，加速了重新制定运价号并提价；1991 年，设立铁路建设资金；1993 年，因电力调价对新的电气化铁路线路征收电气附加费[11]；1997 年，新增新路新价均摊运费；1999 年，铁道部发布通知规定铁路局管内货物运价下浮由各铁路局自主决定，跨局运价的下浮按照铁道部规定的下浮原则与条件，由各铁路局按照要求具体审定并报铁道部备案，并且规定下浮后的货物运价必须高于货物运输成本[12]。

在此时期，铁路货运定价改变了以往一成不变的、全国统一的定价模式，陆续提高了运价水平，从而促进铁路货物运价向多元化发展。

（3）2003—2012 年联动调整阶段：随成本联动，多次提价，简化体系。

2000 年起，国家实行铁路货物运价与油价、煤价等联动政策，根据油、煤等价格波动适当调整铁路货物运输价格[11]。2003 年，提高了铁路货物运价并将新路均摊费并入货物运营价格[10]；2005 年，调整了铁路货物运价和运价号，简化定价体系[13]；2006 年，再次提价；2007 年，铁道部规定铁路集装箱运输实行一口价收费，并提高了铁路货物运价[12]；2008 年，简化运价号并提价。

在此阶段，铁路货物运价为适应市场首次进行了铁路货物运价与成本构成因素的联动调整政策，同时多次提价，促进了铁路货物运输扩大再生产，并提高了其市场适应能力，为铁路运输长远发展注入能量。

（4）2013 年至今市场化探索阶段：政企分离，市场决定运价。

2013 年 3 月，国务院对我国铁路体制实施"政企分开"改革，完成了撤销铁道部、组建国家铁路局与中国铁路总公司等一系列举措，成为我国铁路货运定价市场化的基础。2013 年，中国铁路总公司实行货运改革，规定推行与"门到门"运输对应的全程"一口价"收费；同年 8 月，《国务院关于改革铁路投融资体制　加快推进铁路建设的意见》的发布，标志着铁路货物运输市场化探索的开始。

2014 年 1 月，国家发改委发布《关于调整铁路货物运价有关问题的通知》，提高了铁路货物运价并规定"国铁普通运营线以国家规定的统一运价为上限（执行特殊运价的国铁线路及国铁控股合资铁路以国家规定的运价或浮动上限价为上限），铁路运输企业可以根据市场供求自主确定具体运价水平"[14]。此文件标志着铁路货物运价正式由政府定价。国家发改委分别于 2014 年 12 月、2015 年 1 月、2016 年 11 月、2017 年 5 月、2017 年 12 月多次发布铁路货物运价相关政策法规：

2014 年 12 月，发布《关于放开部分铁路运输价格的通知》（发改价格〔2014〕2928 号），规定"铁路散货快运价格、铁路包裹运输价格，以及社会资本投资控股新建铁路货物运价、社会资本投资控股新建铁路客运专线旅客票价实行市场调节价，铁路运输企业可以根据生产经营成本、市场供求和竞争状况、社会承受能力等，自主确定具体运输价格"。

2015 年 1 月，发布《国家发展改革委关于调整铁路货运价格进一步完善价格形成机制的通知》（发改价格〔2015〕183 号），规定国家铁路货物统一运价率平均每吨·千米提高 1 分钱，并以此为基准价，允许上浮不超过 10%，下浮仍不限（实行特殊运价的国铁线路及国铁控股合资铁路以国家规定的运价为基准价，允许上浮不超过 10%，下浮仍不限）。在上述浮动范围内，铁路运输企业可以根据市场供求状况自主确定具体运价水平；并取消铁路运输企业收取的大宗货物综合物流服务费。

2016 年 11 月，为贯彻落实国务院相关法规要求，规范铁路货物运输收费行为，按照"正价清费、规范透明"的原则，国家发改委发布了《国家发展改革委关于清理规范涉及铁路货物运输有关收费的通知》（发改价格〔2016〕2498 号），规定清理规范铁路货物运输过程中除铁路运价之外的各种收费。整个清理规范工作规划为 3 个阶段：调查摸底（2017 年 2 月底前）、集中清理（2017 年 4 月底前）、建章立制（2017 年 6 月底前）。

2017 年 5 月，国家发改委发布《国家发展改革委关于取消电气化铁路配套供电工程还贷电价的通知》（发改价格〔2017〕1005 号），规定"全面取消电网企业对铁路运输企业收取的电气化铁路配套供电工程还贷电价，铁路运输企业通过相应下浮铁路电气化附加费标准的方式等额降低铁路货物运价"。

2017 年 12 月，国家发改委发布《关于深化铁路货运价格市场化改革等有关问题的通知》，进一步加深了我国铁路市场化定价的改革，详情见专栏 1-2。

【专栏 1-2】 国家发改委：关于深化铁路货运价格市场化改革等有关问题的通知

各省、自治区、直辖市发展改革委、物价局，中国铁路总公司，各国铁控股合资铁路公司：

为贯彻落实《中共中央 国务院关于推进价格机制改革的若干意见》（中发〔2015〕28 号），深化铁路货运价格市场化改革，充分发挥市场在资源配置中的决定性作用，促进铁路运输行业持续健康发展，决定扩大铁路货运价格市场调节范围，简化运价结构、完善运价体系。现将有关事项通知如下：

一、铁路集装箱、零担各类货物运输价格，以及整车运输的矿物性建筑材料、金属制品、工业机械等 12 个货物品类运输价格实行市场调节，由铁路运输企业依法自主制定。

二、将执行国铁统一运价电气化路段收取的电力附加费并入国铁统一运价，不再单独收取。实行政府指导价的整车运输各货物品类基准运价不变，铁路运输企业可以国家规定的基准运价为基础，在上浮不超过 15%、下浮不限的范围内，根据市场供求状况自主确定具体运价水平。原整车运输运价号"7 号"调整为"1 号"。

三、对实行市场调节的货物运价，铁路运输企业要按照"合法、公平、诚信"的原则，建立健全运价内部管理制度，明确制定、调整运价的办法，合理确定价格水平，为用户提供质价相符的铁路运输服务。

四、铁路运输企业应当严格执行国家价格政策，自觉规范价格行为。要落实明码标价规定，在营业场所显著位置，区分政府指导价和市场调节价分别公示各类货物具体运价，主动接受社会监督。坚持用户自愿原则，不得强制服务、强行收费，不得采取价格欺诈等不正当手段，损害货运用户合法权益。

五、各级价格主管部门要加强对铁路运输价格的监督检查，依法查处铁路运输企业各类价格违法行为，维护市场正常价格秩序。

本通知自 2018 年 1 月 1 日起执行。

资料来源：中华人民共和国国家发展和改革委员会，http://www.ndrc.gov.cn/zcfb/zcfbtz/201712/t20171226_871589.html。

该通知规定，自 2018 年 1 月 1 日起部分货物品类运输价格完全由铁路运输企业依法自主制定，执行国铁统一运价，电气化路段收取的电力附加费并入国铁统一运价，不再单独收取。同时，扩大铁路运输企业对实行政府指导价的货物品类进行自主定价的上浮空间，使"上浮不超过 10%"变为"上浮不超过 15%、下浮仍不限"[15]。

从 2013 年至今国家发布的有关铁路货物运价的各项改革政策、运价调整策略中可以看出，我国铁路货物运价已逐步开始实行市场化。面对我国铁路运输"政企分开"后日益激烈的货物运输市场竞争、缺乏灵活性的管理体制与铁路长期低廉的运价状态，国家通过放宽铁路货物定价机制、适当提高运价、清理与规范市场等措施，不断与铁路运输企业一同进行铁路货物运价的市场化探索与努力。

2．我国铁路货物运输经营现状

我国铁路货物运输一直承担着军事物资、绝大部分的大宗货物和部分零散货物的运输，具备覆盖面较广的铁路运输路网设施基础，在货物运输中起着重要作用[16]。与此同时，面对公路货物运输的飞速发展和不断加剧的货物运输市场竞争，伴随着当前我国铁路改革进行的热潮，加快其市场化进程、积极推进铁路运输与现代物流的融合发展成为我国铁路货物运输迫在眉睫的要务。铁路货物运输价格机制的调整和改革必将是这场浩大变革中的重要主题之一。

自 2013 年"撤销铁道部，建立以铁路客货运输服务为主业、多元化经营的中国铁路总公司"以来，铁路正不断经历着市场化的调整和改变[17]。然而在近几年，市场情况不断变化，以往的多次铁路货运改革并未带来质的飞跃，铁路货运量甚至出现了负增长。根据国家铁路局发布的数据及资料显示，2013—2016 年我国铁路货运量和货运周转量连年下滑，市场占有率逐渐降低，如表 1-1 所示。

表 1-1 2010—2016 年铁路货运量及其所占比例

年　份	全国货物运输量总计 /亿吨	铁路货物运输量总计 /亿吨	铁路货物运输量占比
2010	324.2	36.4	11.23%
2011	369.7	39.3	10.63%
2012	410.0	39.0	9.51%
2013	409.9	39.7	9.69%
2014	416.7	38.2	9.17%
2015	417.6	33.6	8.05%
2016	438.7	33.3	7.59%

数据来源：《中国统计年鉴》，http：//www.stats.gov.cn/tjsj/ndsj/。

当前，我国正处于由工业化发展初期向工业化发展中后期迈进的阶段，伴随着新兴科学技术和信息技术的快速发展与普及、使用，我国国家产业发生了结构性调整，对能源物资、建筑原材料等大宗货物需求的增长速度放慢，对新兴产业的高附加值产品的货物需求不断上升，由此也极大地影响了长期在大宗货物运输方面占据优势的铁路货物运输的发展。

横向对比 2010—2016 年我国铁路、公路、水路和航空这 4 种货物运输方式的货运量可以发现（见表 1-2），在这 7 年间铁路货物运输是唯一出现货运量下滑的货物运输方式。尤其是与公路货物运输相比较，2016 年铁路货运量甚至降低至公路货运量的 1/10，货运周转量降低至接近公路货运周转量的 1/3（见表 1-3）。

表 1-2 2010—2016 年我国四大运输方式的货运量比较

年 份	总计/亿吨	铁路/万吨	公路/万吨	水路/万吨	民用航空/万吨
2010	324.2	364 271	2 448 052	378 949	563
2011	369.7	393 263	2 820 100	425 968	557
2012	410.0	390 435	3 188 475	458 705	545
2013	409.9	396 697	3 076 648	559 738	561
2014	416.7	381 334	3 113 334	598 283	594
2015	417.6	335 801	3 150 019	613 567	629
2016	438.7	333 186	3 341 259	638 238	668

数据来源:《中国统计年鉴》, http://www.stats.gov.cn/tjsj/ndsj/。

表 1-3 2010—2016 年我国铁路货运周转量与公路货运周转量比较

年 份	铁路货运周转量 /(亿吨·千米)	公路货运周转量 /(亿吨·千米)
2010	27 644	43 390
2011	29 466	51 375
2012	29 187	59 535
2013	29 174	55 738
2014	27 530	56 847
2015	23 754	57 956
2016	23 792	61 080

数据来源:《中国统计年鉴》, http://www.stats.gov.cn/tjsj/ndsj/。

我国铁路运输建设仍在进行当中,尤其是高速铁路路网大规模建设,加快了我国铁路运输客货分运的进程。

铁路货物运价作为铁路货物运输的重要组成部分,可以反映其货物运输成本、市场竞争力与企业的效益、发展。目前,我国铁路货运定价机制仍然存在着定价思路僵化,缺乏灵活性等问题[14],面临着与其他运输方式尤其是公路货物运输激烈的市场竞争,货物运输需求结构调整,铁路货物运输自身不断降低的市场份额与低效益局面。调整铁路货物运输定价机制是提高铁路货物运输市场占有率、改善企业效益、提升行业竞争力极为有效的措施和途径之一。

1.1.3 研究意义

当前，我国铁路改革已经进入一个关键时期，其中铁路运价的改革也成为铁路改革中一个不可或缺的环节。合理地确定运价，对企业发展乃至整个经济社会发展将产生深远而正面的影响，具体表现在以下几个方面：

（1）合理定价有助于铁路运输企业从市场获取合理的利润，维持企业的正常运转。

（2）合理定价能有效反映市场经济价值规律，能防止运价偏离其市场价格、反映其经济价值、符合经济发展规律。

（3）合理定价有利于铁路行业吸收资金以投入基础建设，进一步扩大发展。目前，我国铁路建设资金的缺口还很大。因此，合理定价将有利于铁路建设发展长远目标的实现。

（4）合理定价有利于铁路同其他运输方式进行合理有效的竞争。目前，铁路、公路、航空、水运之间已经形成激烈竞争的局面，而合理的运输价格也是消费者选择铁路的重要因素之一。

（5）合理定价有利于国民经济的发展，也有利于国家对宏观经济发展进行调控。

实际上，铁路运价的确定比想象中要复杂得多，尤其是铁路运输成本的计算相当复杂。另外，由于铁路企业受政府严格管制、缺乏自主定价的权利且承担了过多的公益性运输任务，这些都对铁路运价的制定带来了相当大的困难。基于现阶段我国铁路"网运合一"的运输经营模式、居于垄断地位的运输组织特点、长期负债的运营现状，急需全面深化铁路改革。本书建议在铁路国家所有权政策明确、网运关系调整到位、铁路全面建立现代企业制度、股份制改造、投融资体制完善等系列改革措施之后，进行铁路运输定价机制改革研究。而且，可以通过制定合理的运价体系，明确铁路公益性补偿对象，提高铁路的市场竞争力，以改善铁路运输经营持续亏损的现状。因此，研究确定合理的铁路运输价格，对上述 5 个问题具有促进作用，对于全面深化铁路改革也具有重要意义。

同时，运输价格对运输活动起着重要的调节作用，它也一直是铁路运输服务供应商和运输主管部门所关注的重要问题。合理定价对改善铁路运输服务供应商的经营状况、调节运输市场的供求关系、有效配置运输资源等有重要作用。

1.2　研究的必要性

从当前我国国情和路情来看，全面深化铁路改革势在必行。在这一改革发展的新时期，铁路已经成为一系列国家重要战略（倡议）的共同交集，将会承担更多新使命。但全面深化铁路改革还存在众多急需解决的问题，主要包括铁路国家所有权政策、铁路路网与运营的关系调整、现代企业制度建立、混合所有制改革、投融资体制完善、中长期债务处理、运输定价机制建立、完善公益性补偿机制、企业运行机制改造、改革保障机制的确立、铁路监管体制建立、明确改革的目标与路径等 12 个关键问题。其中，铁路运输定价机制的建立是铁路改革发展的必由之路。建立适应铁路长期改革发展的运输定价机制，不仅有助于铁路中长期债务处理，而且还能成为铁路企业持续健康发展的重要支撑。研究铁路运输定价机制的主要原因在于，现行铁路运价体系存在的一系列问题阻碍了铁路改革发展进程，因而其研究的必要性可总结如下：

1．现行铁路的运价改革速度滞后于铁路改革整体进程

自中华人民共和国成立后的较长一段时间，我国铁路客货运价的制定一直受国家严格管控，铁路企业没有足够的定价自主权[18]。全路实行较为统一的价格管制，未考虑到不同地区的经济发展水平、人口状况、环境承受能力及其他运输方式的竞争等因素，无法真实反映运输成本与供需关系。铁路运输在一定时期或是一定区域内具有社会公益性质，而且在长期政企合一的管理模式下，票价一直处于较低水平。现今，随着铁路改革的不断深入，政府已经逐步对铁路客货运价的制

定放松管制，但铁路运输定价的调整速度已落后于铁路高速发展的需要，不能适应铁路改革发展的新形势。因此，笔者认为，铁路运输定价机制改革迫在眉睫。

2．竞争机制需要定价差异化

与其他运输行业比较可知，铁路运价变动较小，与经济发展、物价水平已不呈比例，较为滞后。铁路行业单一的运价体制已不能适应铁路改革的发展，为了提高铁路在综合交通运输体系中的竞争优势，需要依靠差异化的价格和高质量的服务[19]。

消费群体的差异化，使消费者对服务质量要求和票价支付能力需求不同；同时铁路运输又存在季节性、规律性需求波动。为刺激消费，促进与其他运输方式竞争，扩大铁路运输企业利润空间，差异化定价势在必行。

同时，对铁路公益性和营利性运输需要分别制定铁路运输价格，既要兼顾铁路企业利益，又要充分关心民生民计。如对学生、农民工、军人可以实行票价优惠政策，对国家基础物资的运输采用低价，对军事运输或抗灾抗洪运输予以全力支持。

3．运价改革的政策支持

铁路是我国重要的公共交通工具，承担着公益性运输项目，不可能完全实行价格放任。但在当前市场化不足的形势下，适当的市场化改革将有效提升铁路行业竞争活力。党的十八届三中全会明确指出，国家发改委下一步要缩小政府定价范围，减少政府定价项目，将政府定价主要限定于重要公用事业、公益性服务和网络型自然垄断环节[20]。

1.3　研究的可能性

铁路运输是我国具备先导性、战略性的基础产业和生产部门。在我国铁路运输定价机制发展前期，即实行严格管制的定价机制下，铁路运输发展受到了多方面的影响和制约。铁路运输定价机制长期受到国家严格管控的原因是其自身的垄断性、信息不对称性和负外部性。而当前我国铁路所具备的这 3 种因素已渐渐被削弱，市场经济的大背景以及构建现代化铁路运输企业的步伐都对铁路运输定价机制提出了市场化的要求。我国铁路已具备放松运价管制的条件，全面深化铁路运输定价机制改革已成为可能。

1. 垄断性的减弱

铁路运输具备覆盖范围广、运量大、可运输种类多、运输成本较低等特点，因此在我国交通运输发达程度较低的时期，铁路运输曾长期作为某些市场中唯一的供应商；同时由于铁路运输行业的进入、退出壁垒高，外部企业很难进入铁路运输行业中[21]。以上方面共同使铁路运输具备了明显的垄断性，因而受到国家的严格管控。但根据近年来我国综合运输体系的完善以及当前铁路运输发展态势，这种行业所具备的自然垄断性优势已经在不断地被削弱，铁路货物运输尤甚：我国铁路货物运输在近 6 年的货物运输市场中的市场占有率不断下滑，自 2012 年起铁路货运量占全路货运量的比例跌破 10%，而且连年降低，2016 年铁路货运量仅占公路货运量的 1/10，铁路货运周转量仅占公路货运周转量的 1/3 等。随着我国经济的快速发展，尤其是综合交通体系的飞速发展，各种运输方式之间的可替代性和竞争程度越来越强。至少在我国大部分地区，铁路运输早已不具备完全垄断的能力。

2. 信息不对称性的降低

信息不对称性指在交易市场内，产品的卖方对自己生产的产品所拥有的信息比买方对自己要买的产品所拥有的信息更多，即供需之间信息不对称[22]。信息不对称会导致同一价格标准下低质量的产品排挤高质量的产品，在垄断行业中这种信息不对称性更加明显，可能对买方造成利益上的损害[23]。在我国综合运输体系的充分发展下，运输市场中各运输方式产品的可替代性更强，竞争更激烈，这种环境抑制了铁路运输的信息不对称性。新时代的信息、通信技术让市场中卖方和买方获取信息变得更加容易，买卖双方之间获取信息的机会也更加对等。从这个角度来说，极大地降低了铁路运输的信息不对称性。

3．负外部性影响程度的降低

外部性指一个个体或群体的行为决策对另外的个体或群体的影响[24]。它包含正外部性和负外部性，分别代表着使其他个体或群体的受益和受损情况。对于铁路运输企业而言，其正外部性表现为公益性和开发性，如抢险救灾、军事运输、国土开发等。其负外部性的表现如下：

例如，在具备多种运输方式的市场中，铁路运输企业为获得更大收益，大幅提升运价使之高于市场均衡价。此时，由于市场中同时存在其他运输方式的竞争，并且买方能及时充分地获取各运输方式的产品信息，包括运价信息，因此货主和旅客必然会选择使自身利益最优的运输方式，进而较大地减少对铁路运输的需求，浪费铁路运输企业的资源，这通常是不易出现的情况。

又如，在铁路运输供给不变的情况下，铁路运输企业为刺激运输需求大幅降低运价使之低于市场均衡运价。虽运输需求增加挤占了其他运输方式的部分运输市场，但长期采取这种运输价格将为铁路运输企业带来较大的亏损，并且因我国铁路运输运价长期较为低廉，再度降价会使企业收益减少甚至连基本生产活动都难以保证。

因此可以认为，目前我国铁路运输已不能较大程度地影响其他运输方式和市场中买方的利益，其负外部性表现微弱。

1.4　研究内容与研究方法

1.4.1　研究内容

第 1 章：绪论。本章在对现有文献的研究和相关公开政策的基础上，总结了我国铁路客货运输定价的发展历程。我国铁路运输定价经历了从高度集中的严格管制到集中管制下的逐步放松，以及当前市场化定价探索的过程。当前，我国现行铁路运价体系仍存在一系列问题，因此研究铁路运输定价机制非常有必要且意义深远。并结合现有文献研究及我国铁路定价实际情况，提出了本书的研究内容及研究方法。

第 2 章：运输定价理论。本章阐明了基于成本导向、需求导向和竞争导向这 3 种运输定价基本理论，并从内部和外部两个方面阐述了影响运输定价的因素，其中内部因素包括成本、运能、运输服务属性因素，外部因素包括经济发展水平与居民支付能力、运输需求与供给、市场竞争、科学技术发展与文化环境等。之后介绍了几种常见的铁路客货运输定价理论，以期为我国铁路运输定价机制改革提供理论基础。

第 3 章：国外铁路运价体系的实践与启示。本章分析了美国、日本、欧洲等国家和地区铁路客、货运价体系的发展历程，总结了国外铁路票价的组成形式，政府对铁路客、货运价的管理模式等方面的启示。本章旨在通过借鉴国外铁路客货定价体系的实践经验，以期为我国铁路运输定价体制研究提供借鉴。

第 4 章：我国其他运输方式定价机制的实践与启示。本章主要介绍了我国公路运输、航空运输和水路运输的定价机制发展情况，并总结得出上述运输方式的实践对我国铁路运输定价机制研究的启示。

第 5 章：我国铁路运输现行定价体系及改革思路。本章总结了当前我国铁路运输的运价体系，包括铁路客运中普速铁路与高速铁路运价体系、铁路货运运价体系以及铁路运价管理体系。相较于国外其他国家铁路运输及国内其他运输方式的定价机制，以及国内其他运输方式的定价机制，当前我国铁路定价机制仍存在定价机制缺乏灵活性、定价放开范围不明确、监督管理体制待完善等问题。结合我国铁路运价实际与我国铁路未来发展方向，本章提出了一种具备合理性与可行性的分类定价思路，即"铁路公益性部分采用成本导向定价，铁路商业性部分采用竞争导向定价"的铁路运输定价机制改革思路，便于在后续章节进行进一步阐述。

第 6 章：基于成本导向的定价方法——以路网为例。本章的主要内容包括：① 阐述了铁路运输成本及其分类，以及常用的铁路运输成本计算方法；② 提出了铁路运输运行线成本的概念；③ 阐述了采用作业成本法进行铁路运输成本计算的思路与过程，以作业成本法计算铁路运输运行线成本，为路网公司以铁路运行线为产品进行出售时的价格制定提供依据，这种价格可以反映为线路使用费；④ 结合相关数据进行算例的分析计算；⑤ 简述了成本利润的制定。

第 7 章：基于竞争导向的定价方法——以运营为例。本章的主要内容包括：① 分析了我国运输市场中最常见的铁路、公路、航空运输

3 种运输方式的特点，上述 3 种运输方式也是我国国内运输市场中竞争较为激烈的部分；② 阐述了基于运输分担率的铁路运输竞争定价方法，即利用效用理论与运输服务属性指标体系对市场中存在的多种运输方式特点进行综合、量化，根据综合效用指标采用分担率预测模型对各运输方式在市场中的分担率进行预测，由此方便企业根据市场分担率目标调整市场中的运输价格；③ 阐述了基于经济学领域中博弈论的竞争导向定价方法，该方法在铁路运输领域中的研究虽尚不够成熟，但仍具有一定的参考价值；④ 简述了铁路运输运价浮动机制。

第 8 章：对我国铁路运输定价机制的探讨。本章主要对我国铁路运输定价改革思路进行梳理，并阐述了加强铁路运价改革顶层设计的重要性，提出立法保障铁路运输定价机制改革成果，并通过研究国外铁路运价监管方式，总结了我国铁路运价监管的改善思路。

第 9 章：结论与展望。本章总结了研究的主要结论，并指出未来有待研究或解决的问题。

1.4.2　研究方法

（1）原理研究法。第 2 章系统介绍的 3 种运输定价基本理论发展已经比较成熟，考虑到铁路未来"路网宜统、运营宜分、统分结合、网运分离"的网运关系调整趋势，本书提出"铁路公益性部分采用成本导向定价，铁路商业性部分采用竞争导向定价"的铁路运输定价机制改革思路。

（2）比较研究法。第 3 章分析国外铁路客、货物运输定价体系的实际情况，比较分析我国铁路运输定价体系现状，归纳总结对我国铁路运输定价体制研究有借鉴意义的启示。第 4 章特别选取了我国公路、航空、水路这 3 种运输方式，比较分析各自运输定价体系的发展历程，总结可借鉴的宝贵经验。

（3）数学方法和定量分析研究法。第 6 章利用作业成本法，分别定量计算了高速铁路和普速铁路旅客运输的铁路运输成本。第 7 章分别采用了效用函数、运输分担率预测模型以及博弈论等理论模型，为"运营"基于竞争导向的定价提供计算依据和方法。

研究技术路线如图 1-1 所示。

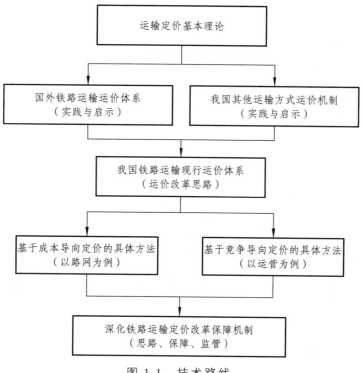

图 1-1　技术路线

1.5　本章小结

首先，本章概述了我国铁路行业的发展情况，针对铁路运输企业目前出现的种种问题，提出将铁路运价机制改革纳入全面深化铁路改革并予以统筹考虑，奠定了本书的总体基调。

其次，简要阐述了我国铁路客运和货运定价体系发展历程及现状，从铁路运价体系陈旧、竞争机制需要定价差异化、运价改革的政策支持 3 个方面明确了研究我国铁路运输定价机制的必要性，总结了铁路运输定价机制改革的重要意义。

最后，提出全书的研究内容、技术路线和研究方法。

第 2 章　运输定价理论

影响运输定价的因素包含成本、运能、服务等内部因素，也包含诸如运输供需、国家政策、经济文化环境等外部因素。铁路运输产品的定价方式主要包括基于成本导向定价、需求导向定价和竞争导向定价 3 种基本运输定价理论。三者分别把运输成本、运输需求与市场竞争状况作为确定运价的主要依据。三者并非孤立存在，而是相互联系的，故在实际运用中，往往综合考虑这 3 种方法。

2.1　运输定价基本理论

运输业整体上是一个竞争性行业，其行业特性决定了运输成本、运输需求与市场竞争等是影响运输价格的主要因素。现实中，在不同情况下影响运价的各主要因素所占据的重要地位是不同的。因此，根据运输业的特点以及影响运输价格的主要因素分析，运输定价理论主要有 3 种，每一种定价方法又都包含了几种不同的方式[25]。

2.1.1　运输成本导向定价理论

运输成本导向定价就是运输商主要根据提供运输服务的毛利润确定运输价格的理论[26]。它代表了基本的或最低的运输收费，是对低价值货物或在高度竞争情况下使用的一种定价方式，具体包括单位成本加成定价、总成本加成定价和边际成本定价。

1．单位成本加成定价

单位成本定价是指按照单位运输成本加上一定百分比的加成来确定单位运输价格的方式。加成的含义即是一定比率的利润。定价公式可表述为：

$$P = C \times (1+R) \tag{2-1}$$

式中　P——单位运输价格；

　　　C——单位运输成本；

　　　R——成本加成率。

此处的成本加成率不应当仅仅是一个固定的、惯例化的加成比率值，而是随着需求弹性不断变化的最适加成。在定价中，价格弹性是不容忽视的重要因素，否则难以实现利润最大化。需求弹性总是处于不断变化中，因此最适加成也应随之调整。利润最大的最适条件是边际收益等于边际成本，在此前提下的最适加成与运输价格弹性呈反比。即如果某运输服务的价格弹性高，最适加成应相对低些，反之应相对高些；当运输价格弹性保持不变时，加成也应保持相对稳定，以制定出最适运输价格。

2．总成本加成定价

总成本加成定价是指在运量一定的情况下，以运输价格为基础的总收入必须能够补偿运输商的运输总成本[27]。运输收入在补偿运输总成本后，还要有必要的利润以维持和促进运输业务的发展。因此，运输总成本加成定价应是在运输商总成本上加上一定比例的利润，它是在运量基本不变的情况下确定运输价格的方式。此方式操作起来比较简单，一般适合于运输市场不十分活跃、竞争不太激烈的运输方式。但该方式在运输供求发生变化时，不能灵活调整运价以适应市场状况，有时还会导致运输价格严重扭曲。

3．边际成本定价

边际成本是指增加单位运量而引起的总成本的增加量。在经济学中认为，当价格等于边际成本时社会总效用最大、资源分配最佳。因此,边际成本定价理论是为追求社会经济效益而采用的一种定价方法,又称边际贡献定价法[28]。

在运输规模不变的情况下,边际成本实际上是增加的可变成本,它随运量的变化而变化[29]。为保证日常正常的铁路运输生产需要,铁路运输中存在较高的固定成本,而变动成本则根据运量大小发生增减。例如,在某条铁路线路开通运行初期,由于客货源较为不足导致该线运量偏低,此时固定成本占总成本的比例较高,单位运量下对应的平均运价较高而边际成本较低,若采用边际成本法定价,低廉优惠的价格有利于吸引和刺激运输需求,增加运量,提高运输设备的利用率。当该铁路线路运量逐渐增加并达到运输能力无法满足运输需求时,运输规模不变使固定成本未发生较大变化,而运量增大使变动成本迅速增加。此时固定成本占比降低而变动成本占比较高,单位运量下对应的平均运价较低而边际成本较高。若采用边际成本法定价,不仅可以为运输企业带来效益,而且较高的运价也会促使一部分运输需求转移至其他运输方式,有利于缓解铁路运输能力的紧张局面、合理配置资源、优化区域市场结构。

该方式比较适合运输业,但需要注意的是,当边际成本长期小于平均成本时,运输商易发生亏损。

4．理论分析

成本导向的定价理论是最容易理解和采用的定价理论方法,也是我国铁路运输定价的长期参考方法。它代表了基本的或最低的运输收费,是针对低价值货物或高竞争水平下适用的定价方式,能保证所定价格处于保本线上,同时也能降低运输商的经营风险,增强对利润的把握程度。

在铁路运输业中,成本构成内容包括固定资产折旧费、燃料费用等多种科目,各科目又各自存在固定、变动和半变动的成本性质,要按对象分别计算其成本很困难,找到总的收支平衡点更加困难,因此运输成本定价理论在实际应用中会遇到很多难题,而直接采用运输成本定价法制定市场价格也存在着很多问题。

（1）它不能切实地反映运输市场上运输价格与供求之间的关系及

相互影响，当需求发生改变时，无法灵活地调整运输价格以适应运输市场供需状况，使运输价格符合运输价值。

（2）可能忽略成本差别对定价所造成的影响。铁路运输业的成本除了受固定资产折旧费、燃料费、工人工资的影响外，还与客货源情况、铁路线路质量好坏、区域环境差异等多种因素有关。因此，即使是同一种交通工具，在不同区域范围的线路上，其运行运输成本也有很大差异。若在大范围内统一采用成本导向下的相同定价，必然造成有些地区线路因为运输成本不同而产生利润差异，长此下去将导致这些地区运输业发展滞后、萎靡。

（3）这种平均成本定价方法不具有激励铁路运输企业降低自身成本、提高运输服务质量、增强铁路竞争力的功能[29]。

2.1.2　运输需求导向定价理论

运输需求导向定价理论是一种以市场需求强度及货主感受为主要依据的定价方式，包括认知价值定价和逆向定价等[30]。

1．认知价值定价

运输价值一方面是指凝结在运输活动中的一般人类劳动，是运输商在实现客货位移过程中所耗费的物化劳动和活劳动的总和，它是客观的；另一方面是指货主所感知到的运输价值，它是主观的。从客观上讲，运输价值是形成运输价格的基础，运输价格是运输价值的货币表现[8]。由于市场供求关系的变化，运输价格并不总是等于运输价值，而是围绕着运输价值上下波动。从主观上讲，运输商也可以根据运输价值定价，此种定价方式称作认知价值定价，它不是根据实际提供这种运输服务的成本来确定运价的[31]。

如在铁路货物运输中，货主认识到运输电子产品比运输纸张更具有价值，因而可能愿意为此支付更多的运费。其原因一方面来源于高价值物品的运输具有更高的风险性，其对管理和服务的要求更高；另一方面来源于运费只占据高价值物品本身价值的较小一部分，其对运价的需求弹性更小。

认知价值定价的关键，在于准确地计算运输服务所提供的全部市场认知价值。运输商如果过高地估计认知价值，便会定出偏高的价格；反之则会定出偏低的价格。为准确把握市场认知价值，必须进行市场调研。

2．逆向定价

逆向定价是指以出行者能够接受的最终价格为依据，计算自己从事运输经营的成本和利润后，逆向推算出的运输价格[32]。这种定价方式不以实际运输成本为主要依据，而是以市场需求为定价出发点，力求使价格为货主所接受。运输中间商或运输外包服务多采用这种定价方式。

3．理论分析

运输需求导向定价以运输市场需求作为定价的主要依据，易于得到货主的认可，但其在实际应用中难度较大。采用运输需求导向定价，需要对消费者的认知价值、不同运输市场中的需求函数、需求价格弹性等进行大量的市场调研，单一运输商难以把握运输需求态势；同时当运输商后期希望改变消费者的认知价格时难度也较大。

2.1.3　运输竞争导向定价理论

运输竞争导向定价理论通常有两种，即通行价格定价和排他型定价。

1．通行价格定价

通行价格就是按照市场通行的价格水平来确定自身的定价。当运输商难以估算运输成本或很难了解消费者及竞争者对另行定价的反应，或打算与同行其他企业和平共处时，往往采取这种定价方式[33]。这种方法是同质运输市场中一种惯用的定价方式。

2．排他型定价

排他型定价是以价格作为竞争的主要手段，以期通过低价竞争排挤竞争对手，扩大市场份额[34]。此种方法有两种形式：一是市场上已有大量运输企业，采用排他型定价就是排挤已存在的运输企业；二是由于技术进步提高了生产力，有条件采用低价策略而不损失利润，同时可以阻止其他企业进入运输业，达到削弱对手的目的[35]。

3．理论分析

运输竞争导向定价理论主要以运输市场上的竞争状况制定运输价格。该理论所制定出的运输价格水平在保本水平线与高额利润之间，具体会根据运输市场的竞争激烈程度与竞争者价格而变动。运输市场竞争激烈时所定运价会较低，竞争不激烈时所定运价会较高[35]。采用运输竞争导向定价时，由于需要评估运输市场上诸多竞争者的状况，当竞争对手很少或收集竞争对手信息比较困难时则难以采用。

2.2　铁路运输定价的影响因素

制定铁路运价时，主要考虑铁路运输成本、收入、盈亏状况、基本建设需要，以及弥补铁路运营亏损或满足扩大再生产的需求[36]。而在市场中具体影响铁路运价的因素主要包含成本、运能、运输服务属性因素、经济发展水平与居民支付能力、运输需求与供给、市场竞争、科学技术发展与文化环境等。

2.2.1　内部因素

1．成　本

市场营销理论认为，产品的最高价格取决于产品的市场需求，最低价格取决于产品的成本费用[37]。对于企业而言，成本是决定定价的重要因素，也是企业定价时首先要考虑的因素。

铁路运输成本主要包括运营成本、管理费用、财务费用、营业外支出等[38]。运营成本指与铁路货物运输生产直接相关的一切费用（如修理费用、能源费用等）；管理费用指铁路运输企业对铁路经营活动进行管理的过程中所产生的费用（如办公费用、实验费用等）；财务费用指铁路运输企业为筹集生产经营所需资金而产生的费用（如存款借款利息、手续费用等）；营业外支出指与运输生产经营无直接关系的各项支出（如员工津贴、自然灾害损失等）。

制定价格时，若运输价格低于平均运输成本，收入将无法完全弥补生产的成本支出，使企业产生亏损，影响企业简单再生产和长远发展；若运输价格高于平均运输成本，运输企业从运输服务过程中获得额外的收益，有利于扩大企业再生产和建设发展。同时，运输企业的成本也会影响企业在运输市场中的竞争力：企业运输成本低，在根据市场竞争状况制定运价时将占据更多的价格优势，从而间接地影响运输价格的制定。

2．运　能

铁路运能指在一定时期内铁路运输企业所拥有的运输能力，它是由铁路生产要素质量和组合方式决定的，通过要素间的相互作用发挥出来[39]。需要注意的是，运能仅仅是铁路运输企业所能提供的运输能力，是一个单方面决定的因素，运能不等于运量。

运能对铁路运输定价的影响包括以下两点：

（1）间接性。铁路运能不直接参与铁路运输定价过程，它不是对市场的直接供给。铁路运输企业所能提供的运能越多，反映到市场中将会使供给增多，在供需关系下运价可能下降；反之则可能上升。

（2）不确定性。正是由于运能对运输定价影响的间接性，它必须要通过完成运输服务来实现，导致其对运价影响程度的不确定性，这也是为什么在上文对其影响效果分析中需要使用"可能"来进行描述。这种不确定一方面来源于运能改变和运输服务实施的时差，如某时期铁路运输企业运能改变，但由于经营组织管理的原因，这种改变不能迅速反映到市场供给中。另一方面也来源于运能增加的具体形式，如运能增加引起同类运输服务的增加，那么在其他因素不变的条件下运价将下降；但若引起的是新品种运输服务的产生，那么对于原来的运输服务而言，其运价并不会受到影响。

3．服务属性因素

服务属性因素主要表现为铁路运输部门所提供运输服务的质量，即铁路运输产品服务的特性，如安全性、准时性、经济性、舒适度等客观因素。一方面，这些特性可以影响旅客或货主对运输服务产品的需求程度，从而在市场供需平衡和政府宏观调控角度都会影响运输价格的制定；另一方面，在一定程度上它们又是不同运输服务质量下成本差异的外在表现，较多情况是质量更高的运输服务产品往往具备更高的成本。因此，服务属性因素能够间接影响运输价格。

常见的运输服务属性影响因素一般包含安全性、方便性、快速性、可靠性、经济性，对于旅客而言，运输服务还包含舒适性等。

2.2.2　外部因素

1．经济发展水平与居民支付能力

区域交通建设，特别是快速运输交通方式的建设都需要足够的经济支撑。区域经济水平决定了运输结构和交通发展状况，同时在一定程度上决定了居民的购买力和经济承受能力。经济发展和交通运输业的发展是相互促进、相互影响的。一般来说，所谓"要致富先修路"，交通应当优先于经济发展。同时，我国经济的高速增长，也带动了人们的出行，使出行更加多样化，进而影响了人们对交通方式的选择。此外，社会经济水平的提高、运输产业结构的变化、运输业体制的改革与完善等都会影响出行的发生和吸引总量[39]。

居民支付能力作为运输需求的前提，实际上是通过对运输需求的影响来间接地对运输价格产生影响的。居民支付能力在铁路运输市场上反映为运输消费者的承受能力。运输消费者承受能力越强，对各类运输服务的接受程度越高，使铁路运输需求增多，从而可能使铁路运输价格发生变化。在社会经济快速发展和居民生活水平不断提高的背景下，居民的支付能力会提高。

2．运输需求

铁路运输需求指社会对铁路运输提出的具有支付能力的需要，是客户购买运输产品的前提条件[40]。其对运价的影响表现为以下三方面：

（1）直接性。运输需求作为市场的直接参与方之一，直接影响着运价[41]。在理想的市场竞争环境下，运输需求的增加使运输产品供不应求，导致运价上涨；运输需求的减少使供过于求，导致运价下跌[5]。

（2）周期性。运输需求的周期性来源于社会经济发展的周期性和某些货物本身或者旅客出行的周期性。从社会经济发展周期性来说，如在我国工业化发展初期，大宗货物比如煤、钢铁、矿石的需求占据货物运输需求的大部分；而在我国当前工业化发展中后期，新兴产业和科学技术的发展促使一些高附加值的货物运输需求攀升，而大宗货物运输需求增长放缓。从货物本身的周期性来说，如时令、鲜活的蔬菜水果和鱼肉类产品，其运输需求往往突出表现在其生长成熟阶段。从旅客出行的周期性来说，在日常上下班高峰期以及大型节假日，旅客出行需求会明显增加。

（3）双向性。运输需求与运价是相互影响、相互作用的。不仅仅是在运输定价过程中，在整个运输生产过程中都存在着大量因素之间的相互作用，使整个运输活动处于不断变化和错综复杂的关系网络当中。对于运输需求和运价间的关系，一方面，运输需求增加会引起价格的上涨，运输需求的下降会引起价格的上升；另一方面，价格上涨反过来会抑制运输需求的继续增长，价格下跌反过来会促进运输需求的回升。

3．运输供给

运输供给同样对运价造成直接影响，其又受到铁路运输企业运能的直接影响。运输供给对运价的影响同样也具备直接性和双向性：运输供给增加，供大于求使运价下跌，反过来运价下跌也会抑制运输供给的继续增加；运输供给减少，供不应求使运价上涨，反过来运价上涨也会促进铁路运输企业的生产积极性，促进运输供给的再次增加。

4．市场竞争

运输市场竞争指市场中铁路与其他运输方式一同对运输市场份额的争夺。从根源上讲，运输需求、运输供给对运价的影响都是基于市场中存在竞争的前提条件的。竞争对运价的影响表现为以下两点：

（1）抑制性。在一个处于动态稳定的运输市场中，运输价格理论上表现为供需平衡下的均衡价格。但运输企业作为供给方，总是希望自身的商品能更多地被市场接受。为了占据价格优势、提高竞争力，单个运输企业将会通过降低运价来扩大市场占有率。因此在市场竞争条件下，即便运输企业追求自身利益的最大化，也不能以不断提高运价来提高自身利益，从而实现竞争对运输价格的抑制。

（2）不平衡性。在不同地区，由于运输市场中竞争对手的数量、实力、采取的竞争方式存在差异，竞争对铁路运输市场的影响存在地域上的明显不平衡性[39]。例如，在货物运输中某统一开放的市场环境内，若货物商品的流通性很强，货物可以很方便地从一个地方流动到另一个地方，那么将使两个地区中这种货物的竞争激烈程度相当。同时，对于当前某货物商品竞争较小的市场，为获得较高收益，这种货物商品也会迅速进入该市场，从而加剧该地区市场中的竞争。但若货物商品的流通性很差，地区间很难实现这种货物的转移，增强运输设施建设又很难在短期内使这种状况发生改变，因此这种货物将在一定时期内保持不同地区市场竞争的不均衡性。

5．国家政策

出于维护国家经济秩序或其他目的，政府会通过立法、出台相关政策或其他途径对市场中的价格进行干预。国家政策包括对运输结构、运输定价机制的调控管制以及公共交通补贴、线路投资方面的补偿等，这些政策将不可避免地对运输结构产生较大的影响。

例如在旅客运输中，国家对新建线路轨道交通的建设和高铁的信贷、税收的支持，以及国家鼓励发展绿色公共交通的政策，在某种程度上影响了出行者对交通方式的选择[42]。又如在货物运输中，采用统一的政府定价机制的铁路运输定价机制下，运输价格完全由政府掌控，将对经济发展不均衡的地区造成不同的影响：在经济发达地区，铁路运输价格显得偏低，影响不同运输方式间的分工和铁路运输企业在该地区的正常生产经营；在经济不发达地区，铁路运输价格显得偏高，制约了市场中运输需求的产生和增长，降低了铁路运输设施设备的利用效益。这种差异性的影响将进一步拉大不同地区间的经济发展水平，也会对铁路运输企业的正常经营和长远发展造成不良影响。

6. 交通运输科技的发展

交通运输科技的发展包括运输设施设备技术的发展和交通信息技术的发展两个方面。

运输设施设备技术的发展将极大地影响运输消费者对运输方式的选择以及运输需求结构的变化。可以说，一定程度上它将从根源上改变客货运输市场的构成。例如，高铁科技的出现和应用，在其不断地成熟、发展过程中会大大增加人们对铁路客运的需求，影响航空旅客运输以及公路旅客运输的市场占比。

交通信息技术的发展能够大力促进运输业的发展，如智能交通信息技术能够极大地提高交通运输效率、保证运输安全等。过去由于通信网络不够发达，人们必须选择各种交通运输方式使人或物发生位移来进行物质和信息的交流，这导致了部分客流和货流的产生。随着经济的快速发展和运输消费者对时间、信息价值观念的日益增强，现代通信方式逐渐成为社会化的交流手段。当交通信息技术发展足够先进时，一方面，人们不必出行就能获得信息资源，这样可能会削弱部分为了信息交流的客流量以节约出行成本费用；另一方面，信息交流的发达可能加强人们对物质交流的需求，从而产生一定的货流量[5]。

7. 文化环境

文化环境包括运输消费者所在的文化环境、周围参照群体对运输消费者的影响、运输消费者自身的心理因素等。各个地区出行者所处的文化环境不相同，影响了运输消费者对运输方式的选择。不同的消费者具有不同的价值观念，对交通运输服务属性因素的接纳程度是不一样的，如有些出行者偏重于经济性，而有些则更加注重时效性等。可以说，文化环境主要影响消费者对各服务属性因素的重视程度和消费心理，如对衡量运输服务属性的几个指标的考虑，还有诸如从众心理、炫耀心理、享受心理等的影响。

2.3　常见的铁路客货运输定价方法

2.3.1　平均成本定价法

平均成本定价法是一种完全成本加成的定价方法。现有的铁路系统的票价制定方法就是以此为基础建立起来的。因为运输线路、运输距离、运输时间、运输速度、列车车型、席位不同，都会导致成本不同，所以对于每条具体的铁路运输产品的运输成本都会存在差异，为制定全路统一的票价标准，就必须将各类运输产品的运输成本进行平均[43]。

平均成本定价法的原理是运输总收入必须在弥补成本费用使简单再生产能够维持下去的基础上，留存合理的利润，以促进运输企业提供必要的利润，见式（2-2）、式（2-3）和式（2-4）。

$$P = C_d + C_V + r \tag{2-2}$$

$$r = (C_d + C_V) \times \text{CR} \tag{2-3}$$

$$C_d = F/Q \tag{2-4}$$

式中　　P——运价；

　　　　C_d——单位固定成本；

　　　　C_V——单位变动成本；

r——单位运量的利润；

F——固定总成本；

Q——运量；

CR——成本利润率。

平均成本定价法的优点包括以下 4 个方面：

（1）可以简化企业定价程序，便于企业开展经济核算。

（2）当行业中的所有企业均以此定价时，价格竞争就会减到最小。

（3）既可以补偿企业的成本，同时又能够保证企业获得合理的利润。

（4）既可以保证收回投资，又可以使票价保持一定的稳定性。

其缺点包括以下几个方面：

（1）没有考虑市场供求关系。

（2）没有考虑不同线路、不同区段的成本差异。

（3）从成本利润的角度来决定运价，运价对成本没有约束力，容易造成成本的不合理增长，甚至会导致运价的严重扭曲。

（4）所有单位成本均获得等额利润，因此不能促进企业降低成本、提高效率[45]。

2.3.2　边际成本定价法

边际成本定价理论使运价等于铁路货物运输边际成本。根据上文对边际成本定义的描述可知，边际成本即为总成本对总运量的偏导。

$$P = \frac{\partial C}{\partial Q} = \frac{\partial (C_F + C_V Q)}{\partial Q} \tag{2-5}$$

式中　P——边际成本确定的运价；

C——运输总成本，即总固定成本与总可变成本的和；

Q——总运量；

C_F——总固定成本；

C_V——单位可变成本。

由上述公式可知，当固定成本不变（为定值）时，边际成本定价法下确定的运价即等于运输过程中的单位可变成本：$P = C_V$。边际成本与平均成本的关系如图 2-1 所示。

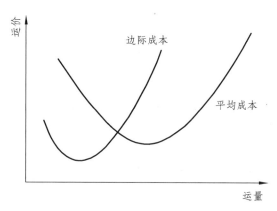

图 2-1 边际成本与平均成本的关系

边际成本加成法计算方法，如式（2-6）和式（2-7）所示。

$$P = (CV + M)/Q \qquad\qquad (2-6)$$

$$M = S - CV \qquad\qquad (2-7)$$

式中 P——运价；

　　　CV——总变动成本；

　　　M——边际贡献；

　　　S——总收入。

当运量较低（如新开通铁路线路上）时，边际成本小于平均成本。若采用平均成本定价，将会抑制运输需求，制约发展，同时也会产生运输设备的闲置；若采用边际成本定价，低廉的价格将会吸引一部分运输需求，使运输设备得到更充分的利用，挖掘更多货源，增加运输企业效益，同时也能促进社会经济发展。

边际成本定价法比单位成本定价法更适用于铁路运输，其符合市场经济下的供求关系，可有效地调节运输市场的供求矛盾，形成合理的运价运量比，建立适合我国铁路的运价体系。

由于铁路建设的基础成本大，因而其固定成本很高，而我国运输分布不均衡，以及各地经济发展水平和人口密度不同，导致运输需求具有时空特性，使每条线路的利用率并不相同，有些线路较繁忙而有些线路却长年空闲。此时若以单位成本来定价，会使所有线路票价相同，一方面使拥挤的线路得不到有效缓解，抑制了运输需求；另一方面使空闲的线路设备闲置，造成了资源的浪费。若以边际成本来定价，由于边际成本会随着运量的不同而改变，当运量小于运输标准时，边际成本很低，当运量大于运输标准时，边际成本会迅速增大，此时按照边际成本制定的票价可以有效地调节运输市场，使拥挤线路的客流或货流向其他平行径路转移，减轻繁忙线路的运行压力，同时也增加了空闲线路的使用率，使设备得到充分利用，增加了企业利润[43]。

边际成本定价的优点在于：

（1）该定价方法下运输企业能保持一定的市场占有率。

（2）合理地调整边际成本定价能促进社会货物运输需求的合理分配。

其缺点在于：

（1）长期采用边际成本定价法的公用事业企业很可能发生亏损。因为尽管边际成本很低，但由于公用事业有巨额的固定成本，平均成本包括平摊到每件产品的固定成本要比边际成本高。如果采用边际成本定价，固定成本无法收回。所以，除非政府补贴公用事业企业的亏损，边际成本定价是无法长期实施的。

（2）边际成本定价没有区分货币与非货币的成本和收益。由于政府缺少非扭曲的支付手段，所以必须依靠扭曲性的税收系统来补贴公用事业的亏损。按照现代公共经济理论，公共资金存在社会成本或影子价格，社会成本或影子价格越高，公用产品的价格越高。边际成本是未来成本，但实际可获得的数据只有历史会计数据，所以计算边际成本不可避免地要进行预测和估计，从而影响结果的准确性。

（3）在实践应用中边际成本难以计算。边际成本是未来成本，但实际可获得的数据只有历史会计数据，所以计算边际成本不可避免地要进行预测和估计，从而影响了结果的准确性[44]。

边际成本定价适用于运输能力充足、竞争较为激烈的运输市场。

2.3.3 效用定价理论与负担能力定价理论（货运定价）

1. 效用定价理论

货物运输效用是指把一定量的货物由一个地方运输到另一个地方，体现了货物运输克服货物空间分布差异的能力[5, 45]。在选择是否进行货物运输将货物由 A 地运送到 B 地时，货主会将运输费用与该货物在两地间的价格差值进行比较。当运输费用高于两地间货物价格的差值，那么对货物进行运输实际上会使货主产生亏损，这时货主将不再考虑运输该种货物或转而考虑其他的运输方式。因此，效用定价理论就是根据货物在不同地方的差价来进行定价的方法，其标志着货物运价的最高限度，其理论表达式如下：

$$P = |P_A - P_B| \qquad\qquad (2\text{-}8)$$

式中　P——单位货物运价；

　　　P_A——单位货物在 A 地的价格；

　　　P_B——单位货物在 B 地的价格。

2. 负担能力定价理论

负担能力定价理论是以不同货物对货运价格的负担能力来进行定价的方法。对于高价值货物，由于货物运价与货物本身价值相比占比较低，其对货物运价的负担能力就高；同时高价值货物对货物运输的要求（如安全性、快捷性等）较高，货物运输过程中产生的成本也更高。同理，对于低价值货物，其对货物运价负担能力较低，运输过程中产生的成本也较低。因此，负担能力定价理论会对高价值货物实行较高的运价，低价值货物实行较低的运价。

3. 效用与负担能力定价理论的优缺点

从原理上来说，效用与负担能力定价理论都具有一定的合理性。其理论原理简单、易操作，这是两种理论的优点。

由于考虑因素简单，两种理论的适用范围都非常有限。在某些情况下，两种理论之间也存在矛盾。例如，某种贵重商品在 A、

B 两地的差价极小，若按照效用定价会使货物运价极低，而且这种情况下两地间对该贵重商品的需求是很小的；若按照负担能力定价，则货物运价仍然较高，这与前面得出的结论相矛盾，同时在这种情况下，其他低价值货物相当于受到了高价值货物运价的补助，对货主而言很不公平。因此，两种方法在实际定价方法应用中并不具有普适性。

2.3.4 供求关系定价理论

供求关系定价理论是基于完全市场竞争下，考虑供求关系，以需求供给平衡状态确定运价的方法[46]。

完全竞争市场具备以下特征：市场中存在大量的需求方和供给方，市场中的商品价格由整个市场的供求关系决定而不能由单独的任何一方决定；市场上流通的产品具有同质性；生产要素可以自由流动，进入、退出市场壁垒低；市场中信息完全畅通[47]。

供求关系定价理论将完全竞争市场中的价格分为需求价格和供给价格[46]。需求价格代表需求方所能接受的（愿意支付的）最高价格，供给价格代表供给方所能提供的最低价格。对于完全竞争条件下的运输市场而言，运价越高运输消费者的接受程度越低，使运输需求量下降；而运价越高企业收益越高，吸引更多的供给方加入市场，使供给量上升。那么需求量和供给量可以通过式（2-9）和式（2-10）表示。

$$Q_D = a_D - b_D P_D \tag{2-9}$$

$$Q_S = a_S + b_S P_S \tag{2-10}$$

式中　Q_D——运输需求量；

Q_S——运输供给量；

a_D，b_D——运输需求常数（正数）；

a_S，b_S——运输供给常数（正数）；

P_D——运输需求价格；

P_S——运输供给价格。

在运输市场中，当需求价格与供给价格相等时，也即需求与供给达到平衡时，此时的价格就是供需平衡下的平衡运价。供需平衡状态反映到供需曲线中表现为需求曲线和供给曲线的交点，这一点所对应的运价就是平衡运价[48]。

运输市场的需求价格曲线与供给价格曲线关系可以通过图 2-2 表示，其中 S 表示供给曲线，D 代表需求曲线，O 代表供给曲线和需求曲线的交点，两曲线交点的纵坐标即为运价平衡点 P_0，平衡点对应的价格即平衡运价。

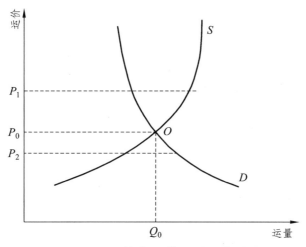

图 2-2 运输市场供需关系定价

在供求关系定价理论条件下，当运输企业制定的价格高于平衡价格时，供给大于需求，此时运输设备得不到充分利用产生资源浪费，会迫使运输企业降低运价；当运输企业指定的价格低于平衡价格时，需求大于供给，运力不足使运输企业通过提高运价来调整运力分配；只有当运输价格正好等于平衡价格时，需求等于供给，两者都不再产生明显变动，价格也维持稳定。通过上述分析可知，通过完全竞争市场的自我调节，无论运输企业最初定价是多少，最终都会向平衡运价靠拢，不断地在平衡运价周围波动以达到动态平衡。

供求关系定价理论适用于完全竞争市场中的运价制定，运价可以根据市场表现出的供需状态进行调节，最终达到动态稳定。但供求关系理论最大的缺点在于，实际中并不存在这种理想化的、仅靠供求关系决定的运输市场，因此其使用范围有限。

2.3.5　拉姆齐定价理论

拉姆齐定价理论是拉姆齐于 1927 年提出的一种价格理论。拉姆齐定价理论是根据"弹性反比原则"，以收支平衡为前提，以实现社会经济福利最大化为目标求得一组次优价格来作为运价的方法，这组次优价格也被称为拉姆齐价格。拉姆齐定价理论围绕边际成本理论，考虑在不同需求弹性下的灵活定价。

拉姆齐定价理论认为，社会总福利等于消费者剩余和企业利润之和，要使社会总福利最大，则应使两者之和最大。基于上述说明，最终求得的拉姆齐价格表达式如下：

$$P = \frac{\text{MC}}{1 + \dfrac{\lambda}{1+\lambda} \cdot \dfrac{1}{\varepsilon}} \tag{2-11}$$

式中　P——单位运量运价；

　　　MC——边际成本；

　　　λ——拉格朗日乘子；

　　　ε——需求弹性。

$\dfrac{\lambda}{1+\lambda}$ 被称为拉姆齐系数。根据 $\dfrac{\lambda}{1+\lambda}$ 可知，需求弹性越大，则拉姆齐运价格越接近边际成本，需求弹性越小，则拉姆齐价格越偏离边际成本。

拉姆齐定价理论既考虑了边际成本因素，又考虑了市场中存在的不同需求弹性的运输需求，反映了相似弹性的运输服务之间的可替代性，实现了社会经济福利最大化，是一个较为综合性的定价方法。其缺点在于，运输边际成本以及需求弹性数据都不易获得，方法的实际可操作性有限。根据不同运输弹性制定不同运输价格，在公平性角度仍存在争议。

2.4　本章小结

本章对常见的运输定价理论进行了总体介绍，以期对铁路运输定价方法进行整体把握。本章首先分析了影响铁路运输定价的主要影响因素，然后将多个铁路运输定价的主要影响因素划分为内部因素与外部因素，对其分块进行较为详细的分析，分类探究了各因素的影响方式及特点。

运输定价的基本理论和铁路运输定价的常用方法都有其适用的运输背景，每种方法也有其各自的优缺点及侧重点。在选择合适的定价理论和方法时，应根据企业自身的特点以及具体的货物属性或旅客特性、定价目标、市场的具体情况等有针对性地进行。

第3章 国外铁路运价体系的实践与启示

本章主要研究美国、日本及欧洲多个国家铁路客运和货运的运价体系、运价管理模式，通过分析这些国家铁路运价的发展历程，总结其铁路定价机制改革的经验启示，为我国铁路定价机制改革提供参考。

3.1 国外铁路客运运价体系

3.1.1 美 国

1．运价体系

1970 年，美国国会通过了《铁路客运法》。联邦政府将各铁路公司面临崩溃的客运业务收归国有，成立了美国全国铁路客运公司（National Railroad Passenger Corporation of the USA，常用商标为Amtrak），由联邦政府直接经营管理，即实行客货分开。Amtrak 是美国唯一一家城际间铁路客运公司，具有较强的社会公益性。Amtrak 采取局部"网运分离"的模式运营，拥有从华盛顿至波士顿以及芝加哥等铁路线路，其主要客运业务也在这条东部走廊上，占其运量的 50%。Amtrak 在其他地区的客运业务都是租用相关铁路公司的线路。美国联邦法律规定，所有铁路公司的线路都要向 Amtrak开放。

另外，由于美国铁路客运在径路分配、运输组织上受制于货运铁路，且美国客运市场上公路、民航占绝对统治地位。因此 Amtrak 实行非常灵活的票价，政府不加干预，其客运定价主要考虑市场竞争。Amtrak 的客运票价一般是民航的 50%，比公路高 25%，没有统一的票价率。灵活的定价机制取得了较好的效果，Amtrak 的运输收入逐年提高[49]。

Amtrak 也没有制定统一的票价率，而是对不同的线路、不同的列车实行单独定价。它以运行时间 6 小时为界，划分为短途列车和长途列车。短途列车票价分高峰（周一至周五）和非高峰（周末）两类，每类又分预订和非预订两档票价，预订要保证座位，票价高于非预订的。长途列车分座席、公务席、卧铺三种席别，分别对应一个全额票价和三档折扣票价。

Amtrak 每周发出 1 800 列客车，运行于全美的 515 个车站之间[50]。对此，Amtrak 使用"收入管理"（也称"收益管理"）方法来确定执行的票价。具体做法是利用一个类似于航空订票系统的计算机预订系统，对每趟列车长达 230 天的客票预订期分阶段进行预订和剩余能力分析及预测。分段间隔不是均匀分布的，而是越接近发车日，间隔越短。随时根据客流状况来确定实行哪一档票价，越接近发车日，票价越高。预订系统随时分析市场需求，当市场需求弱时，采用较低的票价；当市场需求旺盛时，采用较高的票价。考虑到预订者最后有可能取消行程的情况，根据统计数据，该预订系统还设定了不断变化的超额预订率，这些做法使企业有可能从市场需求中获得最大的收益。

同时，由于美国货运公司拥有绝大多数线路，常出现客车避让货车的现象，加之旅客多选择快捷或方便私密的民航和汽车出行，客流少而推高票价，票价高进一步使客流减少，如此恶性循环使 Amtrak 公司亏损严重。但为了满足公益性运输需求，联邦政府需要给予相应的补贴，地方政府对某些客流较少支线还要进行额外补贴。

2．运价管制

根据《1970 年客运铁路法》，Amtrak 成立后不再受《州际商务法》中关于运价等条款的约束，Amtrak 运价也不受有关铁路客运的任何州或其他法律的约束。因此，Amtrak 成立后，铁路客运票价基本不受政府管制，客运定价主要考虑市场竞争。这主要是因为在美国发达的航空和公路运输竞争中，铁路需要更为灵活的票价政策，才能从中找到生存空间。

目前，美国政府对铁路客运票价进行管理的机构是美国地面运输委员会（Surface Transportation Board，STB）。美国地面运输委员会成立于 1996 年 1 月 1 日，其组织机构包含在运输部内，是一个独立的决策部门。美国地面运输委员会的前身是美国州际商务委员会（Interstate Commerce Commission，ICC），根据 1995 年 12 月 31 日生效的州际商务委员会撤销法案，它取代了 ICC。STB 有权裁决铁路运输经营者构成不合理的定价，并要求经营者制定合理价格。

3.1.2　日　本

日本铁路经历了从私有到国有化再到民营化的改革过程。19 世纪末，日本大规模私营铁路建设起来，形成一定规模。20 世纪 40 年代左右，日本铁路完成国有化。20 世纪 60 年代开始，日本国有铁路在经营上的弊端逐渐显现，在运输市场上的竞争力也不断下降。20 世纪 80 年代，日本开始进行国有铁路改革，日本政府于 1987 年 4 月 1 日对日本国有铁路实施了"客运与路网合一、货运与路网分离、路网按区域分割"的"分割、民营化"改革。具体表现为：以地域划分，国有铁路被分成 6 家客运公司和一家货运公司，分别是 JR 东日本、JR 西日本、JR 东海、JR 九州、JR 四国、JR 北海道、JR 货运；所有线路按区域位置划分给 6 家客运公司，货运公司如要使用线路，则采用向客运公司租用的方式。伴随着铁路的改革，铁路客运票价也经历了从严格的政府定价，逐步放松到以市场化为导向的政府指导价或市场定价的转变。

1．运价体系

（1）严格的政府定价。

在政府定价管理方式下，铁路客运通常按里程定价，除了针对特定人群的一定的优惠措施外，价格相对固定，而且不同地区以及不同线路之间票价统一。具体定价策略为：分里程区段制定递远递减的票价率，基础运价根据里程和相应票价率制定，其他运价在基础运价基础上根据列车等级、席位或卧铺等级等来制定。

（2）放松、多元化运价。

在国铁进行"分割、民营化"改革后，日本所有铁路客运业务均由监督委员会分配给日本国内 6 家客运公司，并要求其交纳新干线设施租金，租金大小由各地区运输企业内部收益决定。在客运票价制定方面，各公司都通过专业的旅客市场服务需求调查，对旅客进行不同的分类，针对客流流量、流向、波动等情况制定票价，并通过给予折扣的方式鼓励旅客事先规划旅程，通过各种形式的优惠票、铁路卡享受服务[51]。其中，日本新干线旅客票价由基本票价和附加费两部分组成，基本票价是日本既有铁路按运营里程计算的普通旅客票价；附加费则是对新干线的额外收费，主要考虑新干线缩短的旅行时间以及服务质量的提高等方面。自 1997 年 1 月起，日本政府为扩大铁路经营者的独立性，采取了"上限价格制"，企业在认可的上限范围内，可以自由地设定运价。

以东日本铁道公司的客运价格策略为例，东日本铁道公司为牢固占领市场，1986—2002 年坚持了 17 年运价不上涨，并以此作为增强竞争能力的长远战略。公司实行分类定价、优质优价、折扣运价、季节浮动价等灵活的运价政策，从而稳定了客流，不断提高乘客的信赖度[52]。

东日本铁路公司现行运价结构：① 普通运价率实行递远递减，即越远越优惠；学生在单程 101 km 以上时，凭"学生客运价格优惠证"给予大人运价两成的优惠；残疾人本人或看护者给予 5 成优惠。② 快车加快费，分对号车厢特快、站立席特快、不对号车厢特快、特定特快、普通特快 5 种。特别加快费分通常期、繁忙期、闲散期分别计价。③ 卧铺收费，分为 A 卧铺和 B 卧铺两种，分别按一等运价和二等运价收费；对新型列车包房及独室的卧铺实行不同定价。

此外，学生定期票分 3 种：大学生采用大人运价，高中生按大人运价优惠 10%，中小学生优惠 30%。定期运价与普通运价相比，大人通勤定期票最高可优惠 62.6%，最低优惠 47.5%。双程票是在指定区间的两个车站之间用的车票。用普通运价的 10 倍价格可购买 11 张双程车票，换季则可买 14 张。团体旅客原则上要求 15 人以上，根据不同季节，给予不同幅度的优惠[53]。

2. 运价管制

在日本国有铁路全面国有国营时期，铁路客运采用的是严格的政府定价管理方式。例如，日本按照《国有铁道运价法》规定，基本运价要经过国会的审议、决议来确定，对运价进行修改则要制定必要的"改正法"。该法还规定了运价制定和修改的 4 条原则：① 公共妥当的原则；② 成本补偿的原则；③ 有助于产业发展的原则；④ 有助于运费及物价稳定的原则。

1986 年，日本政府制定《铁道事业法》，该法律成为日本政府对铁路客运票价实施管制的法律依据，此后经过了数次修改。该法第 16 条规定，铁路客运公司各自制定（或改订）管区内旅客运输的最高价格，然后提请国土交通省审批；国土交通省依据合理成本加适当利润的原则，对价格上限的合理性进行审查；铁路客运公司实施的客运价格在批准后的上限价格以下时，需向国土交通省备案（无须审批）。

在具体的操作过程中，当铁路客运公司申请最高价格时，国土交通省铁道局将申请材料提交给运输审议会，运输审议会根据具体情况决定是否召开价格听证会，并且当审议会决定批准申请时，国土交通省还要将申请材料等提交"物价问题部委联席会"做最后审批，之后将审批结果通知申请者。

从程序上讲，尽管铁路客运价格规制等铁路产业规制政策的制定者为国土交通省（比如各种省令）或议会，但实际上对规制政策的方向与具体内容起决定性作用的还是运输审议会。换言之，运输审议会是日本铁路产业的规制机构。因此，在这种制度安排下，审议过程中学者的深度参与提高了规制价格的科学性和客观性，同时运输审议会各种信息的公开也迫使审议会成员为了自己的名誉而主动或被动地抵制被规制者的不当要求。

3.1.3 法 国

1．运价体系

法国铁路客票定价经历了根据里程定价、引入收益管理、多元化定价 3 个阶段，实现了客运票价由政府严格管制，到政府监管下铁路公司自主定价的转变。

（1）根据里程定价阶段。

在法国高速铁路未开通运营前，既有线路客运根据乘车里程计费，即不同地区以及不同线路均采用统一的计费标准，同时票价"递远递减"。1981 年，法国高速铁路——TGV 东南线开通运营，法国铁路客运产品结构开始发生变化，以往单一的定价方法不再适应市场化需求，且私人小汽车和航空客运给铁路客运带来的竞争日益激烈，由此推动法国铁路公司对客运票价体系进行市场化改革。

（2）引入收益管理阶段。

1993 年，随着法国高速铁路——TGV 北部线开通运营，法国铁路客票定价机制实现了大的突破：同时采用两类基准价，即原有的按里程计费基准价和新引入的按收益管理基准价。收益管理定价模式中，铁路公司根据客运服务质量，允许优质列车与一般列车存在价差；根据客运量历史数据及客票预定情况，按照客运繁忙程度灵活制定差异化票价，对高峰时段、乘客较多的车次提价，对非高峰时段、乘客较少的车次实施不同程度的折扣优惠。另外，为防止引入收益管理定价造成客运经营过度商业化，法国国营铁路公司对两类基准价的定价水平提出建议，由政府征求广大乘客意见，并对其最大差价提出要求，即以"按里程计费基准价"为标准，"收益管理基准价"与其最大差价须控制在 40% 以内；同一类型车票的价格浮动上限和下限的最大差价须控制在 50% 以内。

（3）多元化定价阶段。

法国国营铁路公司于 2007 年 10 月出台新的票价和服务规定，增加了票价水平的调控等级，使旅客在不同的票种以及票价水平之间有更多的选择。目前，法国铁路客运同时采用"根据里程定价"和"收益管理定价"两种定价方式。此外，还采用福利票价、合同票价等辅助定价方式。比如，对于法国大众旅客，法国铁路营运企业共制定了 3 种售票方案，即 Prem's、IDTGV 和"最后一分钟票价"。这 3 种方案分别有其特定的约束条件，如购票时间约束、购买方式、付费渠道、是否允许退换票等。一般情况下，乘客根据特定的约束都能够买到价格相对优惠的车票。

2. 运价管制

（1）政府定价阶段，1982 年法国《国内运输指导法》明确指出，价格政策由主管部门确定，国家对价格保留总的权利。

（2）政府指导价阶段，法国于 1993 年开始对 TGV 列车以及两种传统干线改进型列车执行客运票价上下限规定，并于 1994 年出台法规，进一步明确了上下限的差价比。法国国家铁路公司（Société nationale des chemins de fer français，SNCF）制定并向国家运输主管部门提交运价标准或调整方案，由国家运输主管部门提请法国行政院审议 SNCF 制定的客运票价方案，法国行政法院对此予以批复，铁路运价管理的最终审批权在法国行政院[54]。

3.1.4 德 国

3.1.4.1 运价体系

随着德国铁路改革的推进，铁路客运票价的管理也经历了由联邦政府统一定价到长途客运价格由铁路公司根据市场自主定价、短途客运价格由各地区运输联合会定价的过程。

1．网运分离前的定价模式

1991 年以前，德国铁路尚未实现网运分离，其定价的主要方式是按照里程确定运价。德国铁路的客运主要分为长途和短途两种，运距大于 100 km 为长途，小于 100 km 为短途。长途采用里程定价制，短途实行区间定价制。

（1）长途客运票价的构成从 101 km 开始，按所要购买车次的每千米基础价乘以旅行距离所得结果取整数即为全额票价，单位里程票价根据途经地区经济环境、居民消费指数、运输成本等综合因素制定。

（2）对于 100 km 以内的短途运输运价，则根据上述因素，对每个距离区间单独确定一个价格。例如，30 ~ 40 km 为一个区间段，制定一个价格；40 ~ 50 km 为一个区间段，制定另一个价格[55]。

2．网运分离后的定价模式

1994 年，德国铁路合并，成立德国铁路股份公司（DB），分离政府职能，实现了政企分开。2005 年，DB 集团进行了集团重组，将主营业务整合为客运、货运物流、基础设施三大板块，基础设施业务板块由 DB 集团直接经营管理，客运和货运物流板块由 DB 集团成立全资子公司 DB 运输物流集团经营管理，实现了网运分离。在网运分离模式下，DB 集团采用了基于市场化的定价方法，其基本定价思路为运营基于竞争定价，路网基于成本定价。

（1）路网基于成本定价原则。

DB 集团构建了路网使用费定价体系（TPS）和客运站使用费定价体系（SPS）。

① 路网使用费定价体系（TPS）。

DB 的路网资产由 DB 路网公司（DB Netz AG）管理。1994 年，DB 公司成立之初就引入了列车路径定价系统（Train Route Pricing System，TPS），2001 年被模块化结构的 TPS-2001 代替。该系统的线路费用计算基本结构一直沿用至今，只是随着运营及监管环境的变化，对部分项目及参数进行了调整。

TPS 包括三大构成要素：基于用户的定价因素、基于服务的定价因素、其他因素（见图 3-1）。

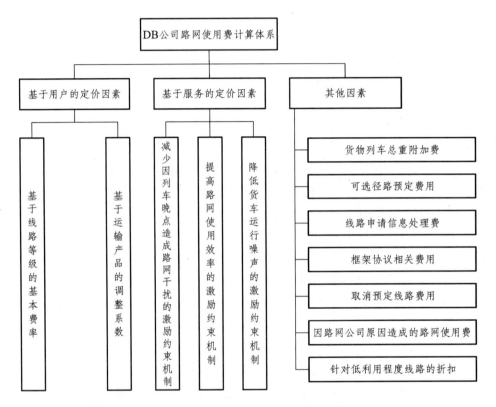

图 3-1　DB 公司路网使用费定价体系

a. 基于用户的定价因素。

基于用户的定价因素是 TPS 的核心要素，由两部分构成：一是以线路等级划分为基础的基本费率；二是以运输产品分类为基础的调整系数。两者相乘即为该时段线路资源的基本路网使用费。

b. 基于线路等级的基础费率。

为兼顾线路资产的多样性以及客户所要求的定价系统的简捷性和透明性，DB 公司将其所拥有的线路资产划分为三大类，12 个等级，并对各等级设置了基本价率（见表 3-1）。

表 3-1 DB 路网公司线路等级划分及基本费率

类别	等级	线路特征	基本价率 /（欧元/列车运行线千米）
干线	Fplus	列车运行速度达到 280 km/h 的高等级线路，主要为高速铁路	9.50
	F1	列车运行速度为 200～280 km/h，主要运行高速旅客列车，以及客货列车混运	4.85
	F2	列车运行速度为 160～200 km/h，主要运行高速旅客列车，以及客货列车混运	3.36
	F3	列车运行速度为 100～160 km/h，采取信号化行车管理，客货混运	3.03
	F4	列车运行速度为 101～160 km/h，主要运行城际快运列车	2.90
	F5	列车运行速度为 120 km/h 以下，线路有接触网设备，运行地区间普速列车和慢车	2.15
	F6	列车运行速度为 101～160 km/h，主要运行区内旅客列车或乡村地区短途客运，个别的也从事货物运输	2.86
支线	Z1	列车运行速度为 50～100 km/h，主要用于区内旅客列车	2.96
	Z2	列车最高运行速度为 50 km/h，仅配置了最基本的列车指挥控制设备	3.05
城市快速铁路	S1	列车最高运行速度为 120 km/h，主要或专用于运行城市快速客运列车	1.92
	S2	列车最高运行速度为 120 km/h，指汉堡市内快速铁路（列车由第三轨供电）	2.56
	S3	列车最高运行速度为 120 km/h，指柏林市内快速铁路（列车由第三轨供电）	3.05

表 3-1 显示的分等级路网使用费与线路的成本特征密切相关，同时，该基础费率体系的制定考虑了各类线路在整个路网中的市场供需情况。因此，DB 公司基于线路等级的路网使用费体系既体现了基于成本导向的定价原则，同时也体现了基于市场导向的差异化定价理念。

c. 基于运输产品的调整系数。

基础费率仅与线路等级的划分相关，与线路上开行的列车种类和等级没有关系。然而，运输产品的种类同样从线路成本和市场供需两方面影响路网使用费的制定。DB 路网公司将运输产品划分为客、货运两大类（见表 3-2）。

表 3-2　DB 路网公司路网使用费运输产品调整系数

类别	产品类型	产品系数
客运	特快旅客列车	1.80
	节拍式旅客列车	1.65
	经济型旅客列车	1.00
货运	特快运输	1.65
	标准运输	1.00
	机车运输	0.65
	支线运输	0.50

基于用户的定价因素主要考虑了线路等级和运输产品两个方面，前者作为基础费率，后者作为调整系数，不同运输产品与运行所需的线路等级决定了费率和系数，两者相乘构成 DB 公司计算路网使用费的基础。

d. 基于服务的定价因素。

基于服务的定价因素是 TPS 的激励约束调整要素。为了维护路网的整体运行秩序，提高路网运营效率，DB 路网公司针对列车晚点以及列车运营速度从路网使用费定价方面构建了激励约束机制。同时，从环境保护角度出发，DB 路网公司对货运列车的噪声污染收取路网使用附加费，并对运输企业使用低噪声货车以及货车降噪改造给予补贴，详细内容如专栏 3-1 所示。

【专栏 3-1】 基于服务的定价因素

1. 减少因列车晚点造成路网干扰的激励约束机制

为激励铁路运营公司加强运输管理，最大限度地提高按图行车和与时刻表的一致性，进而减少对路网的干扰、确保路网运行秩序，DB 路网公司以年度准点率目标为考核标准，当运营公司的年度实际准点率低于目标值时，该运营公司需向 DB 路网公司支付 10 欧分/延时分钟的费用。

2. 提高路网使用效率的激励约束机制

列车运行速度与路网使用效率密切相关，通过提高列车实际运营速度可以扩大单位时间内路网上列车的通过数量，进而提高运输能力。因此，DB 公司为提高路网整体使用效率，鼓励铁路运营企业提高列车运营速度，针对速度低于 50 km/h 的列车，DB 公司收取 1.5 倍的路网使用费附加费。

3. 降低货车运行噪声的激励约束机制

DB 公司为减少铁路运输对环境的破坏，制定了针对货运列车噪声污染的路网使用费激励约束机制。DB 公司将货运车辆区分为经过改造的低噪声货车和未经改造的高噪声货车。当一列货运列车的低噪声车辆达到一定比例时，即可确认为环保列车。DB 公司向环保列车支付 0.5 欧分/（轴·千米）（最多 211 欧元/轴）运营补贴，向非环保列车收取一定比例的附加费。同时，为鼓励运营企业积极改造高噪声货车，DB 公司将收取的附加费用于补贴运营公司的改造成本，最高补贴比例为改造成本支出的 50%。

在上述两方面定价因素基础上，DB 路网公司还针对路网特殊利用情况制定了相应的附加费用，主要项目如专栏 3-2 所示。

【专栏 3-2】 其他定价因素

1. 货运列车总重附加费

货运列车总重与线路使用维护成本存在密切关系，因此针对 3 000 吨及以上的货运列车，DB 路网公司向列车运营企业收取 0.98 欧元/千米的附加费用。

2. 可选径路预订费

DB 路网公司规定铁路运营企业可以将所申请线路运营总里程的 15% 作为可选径路。当未使用时，该运输企业需向 DB 路网公司支付一定比例的线路预订费用，具有违约金性质。

3. 线路申请信息处理费

正常情况下，DB 路网公司受理铁路运输企业的线路使用申请所耗费的信息处理成本包含在路网使用费中，通过向运输企业收取路网使用费获得补偿。但是，当铁路运输企业不接受 DB 路网公司路径安排时，就需要向 DB 路网公司单独支付这部分信息处理费用。

4. 框架协议相关费用

框架协议是铁路运输企业向 DB 路网公司提出的需求计划。在制定时刻表时，框架协议的变动对路网公司分配线路能力具有较大的影响。因此，对于运输企业，DB 路网公司在制定线路使用费时，针对每个时刻表所涵盖的时段，与框架协议相关的年度列车里程总量可以享受一定的折扣。

5. 取消预订线路费用

铁路运输企业可以向 DB 路网公司要求取消和更改已预订的列车路径，但铁路运输企业需向 DB 路网公司支付一定的取消费用，具有违约金性质，金额不低于该路径的申请成本费用，不高于该路径的实际线路使用费水平。同时，取消费用与运输企业提出取消要求的时间存在密切关系，距离预订日期越近，支付的取消费用越高。

6. 因路网公司原因造成的路网使用费减少

DB 路网公司因为基础设施条件缺陷等因素造成未能完全履行与运输企业签订的合同时，需减少向运输企业收取的路网使用费，以列车延迟时间计算，但不超过实际路网使用费的 50%。

7. 针对低利用程度线路的折扣

DB 路网公司给予特定时段利用程度较低的线路 10% 的使用费折扣；同时，在安排列车时刻表时，将一部分利用程度较低的线路能力确定为预先设计路径，同样给予 10% 的折扣[56]。

② 客运站使用费定价体系（SPS）。

DB 基础设施部门除通过路网公司提供线路使用服务外，还通过 DB 车站及服务公司（DB Station & Sercice AG）为铁路运输企业提供客运站的使用服务。铁路运输企业按照 DB 公司规定的"客运站基础设施使用条件"（INBP），与 DB 车站及服务公司签订"车站使用协议"（SNV）。铁路运输企业按照 SNV 和 INBP 的具体规定，向 DB 车站及服务公司支付车站使用费。

DB 车站及服务公司的客运站使用费体系由 3 个要素构成，针对某一个客运站使用者，其所承担的客运站使用费是由车站使用价格、列车停站次数以及列车长度系数决定的，三者相乘的结果即为该车站使用者所应支付的金额。

a. 客运站等级划分。

车站使用价格的确定主要依据的是对车站等级的分类。该等级体系于 2011 年开始执行（SPS-11）。DB 车站及服务公司从基础设施条件、客运业务特征以及车站服务 3 个维度对客运站进行等级划分，其中每个维度又分别细化成两个可量化的等级指标，经过加权计算确定车站等级系数，并比照等级标准进行划分，如图 3-2 所示。

DB 公司的客运站等级划分体系体现了车站规模、车站利用程度以及车站服务水平等因素。利用该等级评价体系，DB 车站及服务公司将其所拥有的约 5 400 个客运站划分为 7 个等级，并且每年进行一次评估。车站等级是确定车站使用费标准的重要因素，它是车站日常运营成本的重要体现。

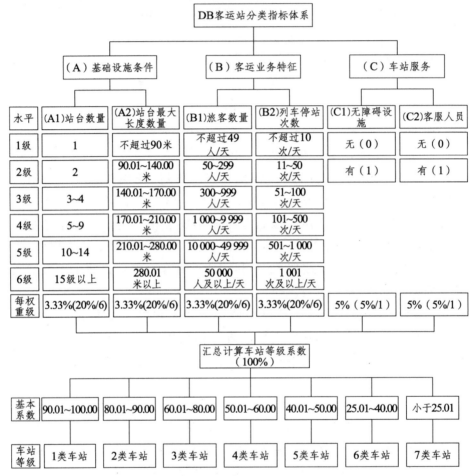

图 3-2　基于等级划分和地区差异化调整的客运站价格标准

　　b. 基于等级划分和地区差异化调整的客运站价格标准。

　　通过对客运站等级的划分形成了 7 个客运站基本价格标准，但是由于地区之间经济发展水平、人口规模等社会经济因素的差异，DB车站及服务公司在等级划分基础上按照 28 个主管区域对客运站使用价格标准进行了地区性调整，形成了由 196（即 7×28）个价格构成的客运站使用价格标准体系。

　　针对每个车站，在考虑车站等级和主管地区因素的基础上，车站使用价格标准是依据车站日常运营成本加上适当利润率的方式确定的，DB 车站及服务公司在 "Stationspreisliste List of Station Prices" 文件中公示全部车站的类型、区域和价格标准。

c. 客运站使用费计算公式。

基于客运站价格标准，DB 公司可根据铁路运输企业的停站次数和列车长度系数计算特定车站的使用费，计算公式为：

客运站的使用费 = 客运站使用价格 × 停站次数 × 列车长度系数

其中列车长度系数由以下标准确定，如表 3-3 所示。

表 3-3　列车长度系数

列车长度	计算系数
不超过 90.00 m	1.00
90.01 ~ 179.00 m	2.00
170.01 m 以上	3.00

（2）运营基于竞争定价原则。

① 根据车次线路定价。

1991 年以后，德国铁路开通 ICE 高速列车，客票运价的计算方法首次采用具有市场竞争力的车次线路定价模式，根据实际竞争环境而定，不同速度和线路等级的列车采用不同的计费方式。

ICE 票价分为一等车和二等车票价，二等车票价计算公式为 "票价 = 基础价 + ICE 舒适度增值价 + ICE 提速增值价 + 车次调价"。其中，① 基础价 = 每千米基础价 × 运距；② ICE 舒适度增值价 = 基础价 × 舒适度因素，约为基础价的 10%；③ ICE 提速增值价 = 基础价 × 相对小汽车旅行时间缩短带来的增值因素；④ 车次调价（加价或减价），按各车次的竞争环境、满员程度、用户对票价的可承受程度等因素来决定对该车次票价的上浮或下调。

一等车票价以二等车票价为基础，根据一等车的满员率取对应二等车的加价比例因素，即 "一等车票价 = 二等车票价 × 加价比例因素（1.5 ~ 1.6）"。其中，加价比例因素具体取值如下：标准的一等车加价比例因素为 1.5，满员率超常的一等车加价比例因素为 1.6。

同时，在上述票价的基础上，为对运输高峰期和低谷期的列车上座率进行更有效的控制，德国铁路建立了"ICE票价系统控制模型"，其实质是对不同车次、不同等级的票价在一周内的各个时段进行不同程度的降价。

而对于除ICE以外的其他长途运输产品，则改进了以往的按里程计价制，一是对车次基础价进行了调整，二是针对每条线路按竞争环境、满座率、线路条件等确定票价优惠政策。

② 根据收益管理定价。

从2002年开始，德国铁路开始启用新的票价体系，在既有的票价体系基础上引入了收益管理定价模式。收益管理定价模式是企业通过市场细分，对各子市场的消费者行为进行分析、预测，确定最优价格和最佳存量控制策略。这一模式不再以成本为定价基础，而采用动态定价和座位分配制度，合理地刺激需求，最大限度地减少生产或服务能力的闲置，以实现收入最大化。

目前，德国铁路的客运票分为标准票、打折票、乘车优惠卡3种形式。

a. 标准票：根据列车速度、乘坐舒适性等运输条件，德国铁路公司将旅客运输产品分为A、B、C 3个等级，并对每个运输产品级的每种列车都有不同的标准票价计算方法。标准票价是打折票价的基础，可随时购买，直至列车出发之前。

b. 打折票：德国铁路公司的打折票是指针对特殊群体推出的运价策略，包括团体票、学生票、儿童票、周末票、游览票等。

c. 乘车优惠卡：德国铁路有多种乘车优惠卡，如体验卡、7.5折优惠卡、5折优惠卡、通票卡、商务卡、信用卡、儿童卡等，可分别获得不同的优惠。

总而言之，现行德国铁路客票价格的制定已经不是按照单一的里程定价法，而是综合考虑列车运营区域、营运速度、舒适度等，还参考其他运输方式的客运价格，然后统筹确定铁路客运票价。由于列车运行路径、开行时间等差异，即使在同一运营区间，德国铁路客运票价也有所不同。例如在德国法兰克福至科隆这一区间，有两条运行线路，相应的票价也不同，如表3-4所示。

表 3-4　德国铁路价格比较（法兰克福中央车站—科隆中央车站）

ICE	沿莱茵河普通线路行驶的 ICE	高速线上行驶的 ICE
通过	科布伦次、波恩	南林堡、齐克堡、波恩
行程/km	225	217
时间/min	143	75 ~ 90
票价/欧元	42	59

数据来源：德国铁路 DB，http：//www.bahn.de。

3.1.4.2　运价管制

德国政府对德国铁路实施了有效监督，建立了独立行政机构——联邦铁道署，直接隶属于德国交通部，对国内以及外国铁路运输企业行使行政执法权。

根据《通用铁路法》的规定，德国联邦所有的长途铁路客运票价监管由联邦铁道署负责，而联邦各州政府则负责监管短途铁路客运票价，以及商业注册在该州区域下的非联邦所有的铁路公司票价。

由于长途客运公司实行自负盈亏，没有任何政府补贴，因此可以根据市场自行独立定价。尽管如此，根据《通用铁路法》第 12 条的规定，铁路客运公司若要发布或者变更运输条件，特别是不利于旅客的更改（如提高运价等），必须得到监管机构的批准。

短途客运公司由各州政府管理，州政府通过招标的形式赋予运输公司运营权，并根据旅客周转量对运输公司进行补贴。短途客运公司也是根据市场自行定价，但根据是否加入短途旅客运输联合会（如莱茵鲁尔区的运输联合会，Verkehrsverbund Rhein-Ruhr，VRR），其定价方式不同。

3.1.5　英　国

1994 年，英国铁路（British Rail，BR）开始实施"网运分离"及私有化改革，基础设施由路网公司（Network Rail）负责建设管理，客运实行特许经营。英国铁路客运市场由 10 个财团控制下的 25 家客运公司（Train Operation Company，TOC）占据，提供国内铁路客运服务。客运公司通过招标获取线路的特许经营权，部分线路由两家以上的客运公司运营，即如果铁路监管办公室和路网公司同意，客运公司可以进入其他客运公司特许经营的线路上运营。

1. 运价体系

英国铁路客运票价涉及线路较多，且每条线路都有一家"领头公司"，它通常在这条线路上拥有最大的商业利益，有权利也有义务制定该线路的票价。比如，伦敦—伯明翰的"领头公司"维珍列车公司（Virgin Trains），它在该线路提供高速客运服务，运行时间 0.5 h，该线路上运营其他客运公司的列车，运行速度相对较慢，发车频率也低。其他客运公司对线路的"领头公司"产生强有力挑战，或者经"领头公司"同意，可以更改线路的"领头公司"。

票价制定需客运公司之间达成购票及结算协议（Ticket Purchase and Settlement Agreement，TSA），且获得前铁路战略管理局（Strategic Rail Authority，SRA）的批准。当"领头公司"设定了某条线路的票价后，其他客运公司在该线路的全程或部分客运都要执行这一票价，且适用于联运客票。例如，伦敦—沃尔索耳的"领头公司"维珍列车公司设定了全程的票价，但它只提供伦敦—伯明翰客运服务，乘客还需转乘中央列车公司（Central Trains）的列车抵达沃尔索耳。根据 TSA 的规定，在某区段提供服务的"领头公司"一旦设定了交互票价（有其他客运公司提供服务的区段票价），其他在该区段提供服务的客运公司可以设定自己的票价。这样将竞争引入了票价体系，目的是防止"领头公司"不合理提高交互票价，致使乘客仅购买该公司提供服务的部分路段客票。

根据特许协议，客运公司可以在每年的 1 月、5 月和 9 月设定票价。英国铁路市场有一个特征：每个客运公司的目标市场各不相同（即使在运营过程中有交叉），但同时也作为整个路网的组成部分相互配合。客运公司没有确定的公式来制定票价。对客运公司而言，重要的是认清目标客户的特征、偏好以及要求。获得这些信息之后，再根据目标市场的承受能力和其他客运公司的收费水平制定票价。客运公司有责任提供超出其营运范围的联运客票，并有权制定票价，但要符合管制要求。

大多数铁路客运公司都针对多种服务选择制定了多种票价。同时，英国铁路给乘客提供多种铁路优惠卡，在购买任何一家客运公司的客票时都可以使用。英国铁路具体的价格策略如下：

（1）分等级票价。

英国的铁路公司都是采用等级票价，不同等级间的价差很大，当然服务也有很大的不同。铁路票价一般分为一等、二等标准票和二等优惠票。一等和二等的车厢是分开的，以保持一等车厢的安静，使旅客享有应有的舒适。铁路公司对不同等级的车票也有不同程度的约束，如越便宜的车票对旅客出行或在到达地停留的时间有越多的限制。这套票价结构是 1985 年正式推出的，目的是鼓励人们非高峰期出行，以增加总客运量，扩大收入，提高铁路在客运市场的占有率。

（2）单程票和往返票。

除了伦敦地铁的往返票价是单程票价的 2 倍外，市内公共汽车、长途汽车和火车都提供一次性买往返票的优惠。

（3）火车优惠卡。

为刺激非高峰期和周末的客运需求，采取发售火车优惠卡手段，如一张火车优惠卡一年期 18 英镑，购买此卡后在一年有效期内可以享受 1/3 的票价优惠。

（4）等级票价和高峰或非高峰期票价。

通过分等级和是否为高峰期出行，同一运输公司在同一线路的票价会有高低之分，以适应不同旅客群体的不同需求。

2．运价管制

在英国客运特许经营模式下，票价管制是政府与运营公司特许经营合同中的一个重要部分，政府通过与客运公司签订特许经营协议，对不同票种范围以及票价上限进行管制，实现对运价的监管。

英国有两种旅客票价受到监管，即保护票价和通勤车票价。

（1）保护票价。

保护票价包括所有线路的非高峰期长途客票的往返优惠票；标准

往返票，即高峰及非高峰的全价往返票，且旅行距离 80.5 km（50 mile）以内和旧东南区域内，不属于通勤票范畴的客票；不属于通勤票范畴的周票。

（2）通勤车票价。

通勤车票价包括伦敦旅行卡区域（London Travelcard Zone）内的标准单程/往返票、季节票（周/季度/年票），以及从伦敦市郊（距离伦敦 45～80 km）到伦敦旅行卡区域的标准单程/往返票。

客运公司将其制定的票价按照保护票价和通勤车票价分为两大类，分别计算加权平均票价（一篮子票价）。英国运输部对 2014 年之前的客运公司的单一票价和一篮子票价的涨幅都做了规定：一篮子票价每年的上涨幅度不能超过当年 RPI（零售物价指数）+1%；单一票价不允许在一年内上涨 RPI +6% 以上。自 2004 年 1 月，只有占运营商收入 95%的路线票价才会进入一篮子管制范围。

此外，英国旅客关注协会（Passenger Focus）作为一个独立的全国性铁路客运监督组织，与政府和铁路行业协作，将乘客的意见和评价及时反馈，作为政策制定的参考。旅客关注协会在每年春、秋两季进行两次全国旅客调查，针对有代表性的线路，从 30 个方面对各个客运公司、地区运输部门的乘客满意度做全面衡量[57]。

3.2　国外铁路货运运价体系

3.2.1　美　国

1．运价体系

目前，美国的铁路货运公司不到 10 家，都为私营模式，主要的货运价格有两种形式：一种是公开的铁路货物运价，即定期向社会公众公布铁路货物运价，分为激励运价、整车运价、混装运价、整列运价等定价形式，并且按照类别、等级、质量、里程给予优惠运价；另一种是合同运价，即由铁路货运部门与货主协商确定协议货物运价[58]。美国政府通过向铁路运输公司购买运力的方式实现公益物资的运输，不要求铁路运输公司承担非市场任务，对货运公司也不实行补贴。

美国《斯塔格斯法》规定，铁路公司具有货物运价制定及调整的权力，政府的责任只是从宏观上设定运价上限和下限标准，处理好调控的合理程度和力度，微观上不做过多的规定和进行更多的限制。运价下限以长期变动成本为界，运价上限原则上不超过运价下限的 1.85 倍，如发生铁路定价超过规定运价上限情况，如果货主没有意见，不向政府投诉，政府也不会加以干涉。对于合同运价，政府概不参与，如有运价纠纷产生，政府才会介入进行价格仲裁[59]。

2．运价管制

美国铁路运价经历了严格管制、放松管制和放开管制等过程。

（1）严格管制阶段。

20 世纪 70 年代前，美国铁路运价是被严格管制的。在美国铁路货物运输定价实行严格管制的前期阶段，其货运定价完全按照洲际商务委员会（ICC）的相关规定执行，任何调价行为都要向委员会申请并通知客户，若客户存在不同意见，则由委员会取证并进行最终决定。

（2）放松管制阶段。

20 世纪 70 年代末，随着美国国内运输市场竞争的发展，美国国会通过《斯塔克斯法》，开始放松铁路运价的管制，扩大铁路企业定价范围，铁路企业获得相当大的定价空间，允许铁路企业和客户通过协商定价并报洲际商务委员会备案，逐渐赋予铁路灵活经营的规制环境。

（3）放开管制阶段。

1995 年，美国政府全面放开铁路货物运价制定机制，仅部分农产品合同运价还报备合同概要。铁路运价管理机构由洲际商务委员会（ICC）转变为地面运输局（STB），其在铁路货物运输供求双方发生纠纷的情况下介入调查并进行解决；对发生在没有竞争（包括公路和水运）线路上的运价有客户申诉的情况进行调查干预；所定运价不合理时，要求铁路公司退回多收的运费。

同时，美国于 2007 年提出了针对小货主的"3 个基准点法"运价纠纷解决程序和针对大货主的"简化独立成本法"运价纠纷解决程序。其中，"三个基准点法"认为货运价格的合理性需要将价格与 3 个基准数据进行对比,同时也要与其他运营商进行比较;"简化独立成本法"则通过判定被告铁路线路上所有货运服务支付给铁路部门的费用是否超出弥补运营支出和设备重置投入的合理回报的需要来确定运价的合理性。

3.2.2　日　本

1．运价体系

目前,日本铁路货物运价实行运价上限认可制,由运输大臣认可某个适当利润,在其上限范围之内只需事先提出申报,便可自主浮动运价。同时,日本铁路货物运价目前按照不同的货物种类,结合优质优价、折扣定价、季节浮动等多种方式设定运价。

2．运价管制

日本铁路货运运价管制的演变可以分为 4 个时期,体现出政府对运价制定逐渐放松,逐步贴近市场化经营的要求[60]。

（1）1949 年之前,国有铁路只是作为政府的一个行政事业机构,行政与经营合一,原则上最后的运价决定权属于政府和铁路当局。

（2）1949—1977 年,国有铁路改组成为日本国有铁路公社,货物运价的制定和修改必须通过国会审议,实行国会议决制。

（3）1977—1997 年,将运价的制定与修改由原来的国会议决制,改为运输大臣许可制,并且实行国有铁路民营化管理。

（4）1997 年至今,铁路将综合成本作为基础实行运价上限制,只要在运输大臣认可的上限运价范围内,提前向运输大臣或者地方运输局提出申请并且备案之后,便可自主浮动运价。

3.2.3　俄罗斯

1．运价体系

2001 年以前,俄罗斯铁路货物运价分为 4 类:国内运价、经港口进出口运价、经铁路口岸进出口运价和过境运价。2001 年 8 月,俄罗斯政府将国内运价与经港口进出口运价合并。目前，俄罗斯铁路货物运价分为国内运价、国际联运运价和过境运价 3 类。

在铁路货运运价改革方面，俄罗斯政府认为，要严格区分铁路运输市场中具有竞争性和垄断性的部分。国家对具有垄断性质的铁路运输产品，实行统一定价；对具有竞争性质的运输产品，根据竞争市场的发展情况分阶段、逐步放开定价管制。对于具有特别重要的经济和社会意义的货物运输，要适当保持国家的调控作用。

其实施步骤包括如下：以法律形式确定公司是否具有市场主导地位的标准；2006 年 7 月，颁布了《保护竞争法》；确定市场份额大于或等于 50% 为垄断，低于 35% 为非垄断。在货运市场上，根据俄罗斯铁路在铁路运输方式内部以及各种运输方式之间的竞争力水平来评估其在该市场各组成部分中是否占有市场主导地位，然后根据其在市场中的位置采用不同的运价政策。

2．运价管制

在俄罗斯铁路改革前，俄罗斯法律规定铁路运输业为自然垄断行业，运价实行国家严格调控，其铁路运价由交通部主管。2001 年 9 月，俄罗斯总统普京签署命令，将铁路运价调控职能移交给联邦能源委员会。此后，为改变政府既是铁路投资人又是经营者的状况，俄罗斯铁路从 2003 年起实行政企分开、网运分离改革，逐步开放铁路运输定价。国家调控运价的基本原则：对铁路运输企业的各项收入和支出进行分析，将运价分解为基础设施使用费、车辆使用费等部分，按照铁路运输企业保持适当盈利的原则确定运价水平。国家调控运价的具体方式：以费率或费率系数的形式公布企业不得超过的价格范围。

2004 年 3 月，俄罗斯改革政府机构，颁布《联邦权利执行机构》法令，将联邦能源委员会改组为联邦物价局，由其承担铁路运价调控职能。同时，决定改变原来联邦能源委员会单独审批的方式，由联邦物价局和政府其他相关部门共同组成跨部门机制，共同审批价格调整方案。联邦物价局负责组织跨部门会议，审批国内运价和国际联运价格。过境运价执行有关国际协定，包括铁路合作组织范围内的《统一过境运价规程》《国际过境运价规程》和独联体国家间运价等。

3.2.4 法 国

1．运价体系

1937 年，铁路货物运价首次改革，考虑运输成本与货物送达条件和车辆载质量等，制定了关联运价。

1962 年，法国铁路运价改革充分考虑了货物送达时间、车辆有效载质量、运输距离和路径方向 4 个主要因素，可见运价与货物运送线路有关。

目前，法国铁路企业拥有自主定价权，以弥补边际成本为运价下限，以其他运输方式运价最高水准作为运价上限，铁路运价可在规定区间内以收入补偿支出为基础合理浮动运价。

2．运价管制

法国早期注重集权管理模式，排斥铁路私有化，改革前期货物运价受政府管制；随着市场化改革的不断深入，运价逐渐放开。

（1）法国国营铁路公司成立于 1938 年。法国早期曾强调国有企业的特殊目标，故排斥铁路私有化的主张，强调集权化管理。受此影响，法国货物运价管理从 20 世纪 30 年代到 60 年代一直在政府的直接控制之下。

（2）法国铁路货物运价在 1937 年实现首次改革，目的是为吸引货流，将运输成本与货物运输组织过程相互关联来制定运价。这次运价改革考虑了运输成本与货物送达条件和车辆载质量的关系，将部分货物重新吸引到铁路上来。

（3）顺应经济形势的发展。1962 年，法国铁路运价又进行了一次改革，这次运价改革的基本思想是依据成本构成的经济规律规定运价率，其中运输成本随着货物运送路线变化而变化。同时，此次运价改革考虑了货物送达时间、车辆有效载质量、运输距离和路径方向 4 个主要因素。20 世纪 60 年代制定运价的基本原则和实施政策至今仍然有效，关键内容有：将弥补边际成本作为运价下限；将其他运输方式可能达到的水平作为运价的上限；以全部运输收入能够充分补偿支出为限，具体运价可在规定上下限之间，按货物的支付能力实行酌量递减政策。

（4）到 20 世纪 60 年代末，根据经济政策要求，法国政府规定，除由运输部规定的货物类别外，其余货物的运价由运输企业自行确定。自此，法国国营铁路公司拥有了部分自主定价权。

（5）1982 年，法国政府颁布《法国国内运输方针法》，根据该法相关规定，铁路货物运输价格基本放开，法国铁路公司获得自主定价权。

3.3　国外铁路定价体系对我国铁路定价机制改革的启示

在我国，由于铁路有基础建设投资成本大、投资回收期长、承担大量公益性运输任务等特点，社会资本往往难以独当一面。因此，铁路基础设施、设备都是由政府主持修建和购买的，铁路运价也在很大程度上受到政府的管制。随着综合交通运输体系的发展和运输市场的变化，政府对铁路客、货运价格的管理模式也在不断发生演变。世界上很多国家也大多走过和我国铁路一样的发展历程，但现今不少发达国家基本放松了对铁路运价的管制，铁路运价制定已经回归为铁路运输企业的重要营销手段。

从以上国外铁路客运票价的情况来看，其基本都建立了以市场化为导向的定价方式。同时，建立了多层次的票价体系，即根据不同消费群体细分市场的不同需求，提供有差别的服务，制定多样化的票价体系，在必要情况下推出各种优惠价格策略，真正发挥市场调节作用，以提高铁路运输的市场竞争力。

从以上国外铁路货运价改革的历程来看，铁路货运定价基本都经历了由政府严格管制向逐步、有区分地放开政府价格管制转变的过程。由此可以看出，让铁路运输企业充分地参与到市场竞争当中去，根据市场竞争情况、通过市场竞争来获得铁路运输服务产品的市场均衡价格，充分考虑市场供给和需求情况采取多元化定价策略，是全世界范围内铁路运输行业改革的大方向、大趋势。各国的实践也证明放松铁路货物运价政府规制，一方面可促使铁路货运企业更好地参与到市场竞争当中去，以促进铁路运输企业发展取得良好的经济效益和社会效益；另一方面也能在一定程度上促进综合交通运输的发展。

3.3.1　市场导向原则

（1）铁路客运票价方面。

Amtrak 作为美国唯——家城际间铁路客运公司，采取非常灵活的票价，主要考虑市场竞争，而 Amtrak 也没有制定统一的票价率，而是对不同的线路、不同的列车实行单独定价；日本政府采取"上限价格制"，铁路企业在认可的上限范围内，可以自由地设定运价，同时为满足市场中客户多样化需求，实行分类定价、优质优价、折扣运价、季节浮动价等灵活的运价政策;法国和德国均采取收益管理定价模式，采取动态定价的方式，同时也提供多种票价形式；在特许经营模式下，英国各铁路客运公司互相竞争，主要根据目标市场的承受能力和其他客运公司的收费水平来制定票价，也针对多种服务制定了多种票价，以提供优惠票的形式来增强竞争力。

长期以来，由于我国铁路运力资源相对紧张，客运市场营销和服务一直是我国铁路发展中较为薄弱的环节。未来几年，随着大规模铁路建设的深入推进，高速铁路的快速发展，主要干线将实现客货分线运输，铁路运力资源将得到较大释放，旅客运输市场的竞争也将更加激烈。在新的发展阶段，需要全面强化客运市场营销，充分借鉴国外铁路客运票价的定价机制和票价体系，探讨更为灵活、更加适应市场需求的客运票价机制。可按照建立灵活价格机制的目标，充分利用运价浮动政策，建立在成本、收益核算基础上的更为灵活的铁路客运票价模式，使价格管理更灵活、更能适应市场变化。

同时，应充分考虑不同运输产品服务性能的差异性，制定多层次的票价体系。比如借鉴德国铁路多层次的票价体系，真正发挥市场调节作用，提高铁路运输的市场竞争力。首先，建立票价与物价的联动机制，使铁路运价与社会物价同步联动；其次，对运输高峰期和以旅游为目的运输实行淡季和旺季的差别定价，以适应不同时段的旅客出行需求；最后，针对不同消费群体细分市场，给旅客提供更周到的运输服务[61]。

（2）铁路货物运价方面。

美国政府仅从宏观上设定运价上限和下限标准，处理好调控的合理程度和力度，微观上不做过多的规定和限制；而铁路企业则可采用市场浮动价；日本则实行运价上限认可制，在其上限范围之内只需事先提出申报，便可自主浮动运价；法国铁路企业拥有自主定价权，在运价下限和运价上限区间内以收入补偿支出为基础合理浮动运价。

我国铁路货物运价也可采取上限管理，由铁路运输企业根据市场需求进行一定范围内的价格浮动。建议合理考虑铁路运输企业的运行成本和市场需求，对不同区域、不同去向、不同时段的票价给予不同的价格政策，同时也可建立铁路货物运价动态调整机制，小幅多调。

3.3.2　分类定价原则

从社会需求出发，各国铁路都被要求承担公益运输任务，而能否通过恰当的制度安排，弥补铁路运输企业由于满足公共目标而导致的效益损失，成为影响各国铁路经营绩效和未来发展的重要原因之一。而区分铁路运输营利性和公益性的性质，分别采用不同的定价机制，既能促进铁路良性发展，又能保证公共运输服务目标的实现。

美国政府通过向铁路运输公司购买运力的方式实现公益物资的运输，不要求铁路运输公司承担非市场任务，对货运公司也不实行补贴。

在俄罗斯，对铁路承担的公益性运输问题还没有较为有效的解决模式。俄罗斯铁路实行低运价政策，而国家对铁路的相应投入又往往不能到位，影响了铁路发展的步伐。但在德国和法国，对于这一问题，已经有了较好的解决方法：将铁路运输划分营利性运输（一般为中长途运输）和公共运输（一般为地区运输服务），对营利性运输采取完全市场定价或政府指导价方式；而对公共运输采取政府定价模式，由此给运输企业带来的损失由政府给予补偿。

在德国，DB 集团将主营业务整合为客运、货运物流、基础设施三大板块，实现了网运分离。在网运分离模式下，DB 集团对路网公司和运营公司采用了分类定价的方法，其基本定价思路可概括为运营基于竞争定价、路网基于成本定价。其中，针对路网构建了路网使用费定价体系（TPS）和客运站使用费定价体系（SPS），对列车运行线和客运服务进行分类定价；把客票分为标准票、打折票、乘车优惠卡 3种形式，进行分类定价。

在我国铁路运价制定过程中，可考虑不同品类货物对国计民生的影响、对铁路运输的依赖程度、市场的供求状况、社会承受能力等因素，区分铁路运输产品的公益性和经营性属性，对不同类别客货运价实行分类管理和差异化的定价机制：公益性运输实行政府定价或者政府给予公益补贴，市场竞争的营利性运输实行政府指导价或市场调节价，由此使铁路行业中具有公益性、社会服务性特点的业务和具有竞争性、经营性特点的业务相分离。

3.3.3 放松管制原则

严格的运价管制是特定历史条件的产物，在一定时期有其存在的必要性。但是随着国家发展战略、铁路运输所面临的竞争环境、铁路运输产品结构的变化，铁路运价制定的基础已经发生了变化，刚性的政府定价显然难以适应这种新的发展需要，采用更具灵活性的政府指导价或市场定价是必然的。

美国、日本、欧洲等国家在经历了铁路发展的低谷期以后，基本都放松了对运价的管制，都确立了以市场化为导向的运价体系，同时为铁路提供了相应的财税支持政策，从制度上保障铁路企业经营上的独立自主性。在这种情况下，铁路运价通常是铁路企业基于市场竞争关系和客货运输供需状况的理性决策，运价水平和运价结构相对合理。

3.4 本章小结

本章通过对美国、日本、法国、德国、英国等国家的客货运价体系和运价管理机制的研究，得出以下几点重要启示：

（1）国外铁路客、货定价基本都经历了从政府严格管制向逐步、有区别地放开政府价格管制转变的过程，为我国铁路客、货运价格制定逐步改革走向市场化提供了一定的参考。

（2）通过多项改革措施和实践，国外的铁路客运票价基本采用了根据市场需求实行多元化、多层次的票价体系的改革思路，大多数铁路客运公司都针对多种服务选择制定了多种票价，给乘客提供多种铁路卡优惠，为我国铁路运营公司根据市场需求，以竞争为导向定价的改革思路提供了一定的依据。

（3）德国铁路运价体系改革的背景与本书的研究背景颇为相似，德国铁路于 2005 年实现网运分离，对路网和运营分别制定了不同的运价体系。其中，运营基于竞争定价，首先采用不同速度和线路等级的列车采用不同的计费方式，然后在既有的票价体系基础上引入收益管理定价模式；路网基于成本定价，构建了路网使用费定价体系（TPS）和客运站使用费定价体系（SPS）。这对基于我国铁路在"网运分离"的网运关系调整趋势，提出本书的运价改革思路起到了一定的参考作用。

结合美国、日本、欧洲等国家铁路客货运价体系的发展情况，同时考虑到我国铁路运输产业的实际情况和存在的问题，可以分析得出以下启示：以市场化导向定价，建立多层次票价体系；区分运输的营利性和公益性的性质，分类定价；在一定条件或前提下放松运价管制。

第4章 我国其他运输方式定价机制的实践与启示

近年来，我国综合交通运输体系中公路、航空、水路等多种运输通过不断改革、发展与探索，其运价制定和管理体系不断完善。本章通过对公路、航空、水路 3 种运输方式的客货运价改革的研究，分析其运价改革的经验，可为我国铁路运输定价机制改革提供参考。

4.1 我国其他运输方式定价机制发展

4.1.1 公路运输定价机制发展

中华人民共和国成立以来，我国经历了从完全计划经济体制向开放的市场经济体制的重大转换，从总体上说，道路客货运价机制也实现了从计划向市场的转变，其改革历程大体可划分为 3 个阶段，即高度集中统一的运输定价机制、改革开放初期逐渐放松管制的运输定价机制和放松管制的运输定价机制[62]。

（1）高度集中统一的运价机制（1950—1978 年）。

中华人民共和国成立初期，我国的汽车运价整体处于混乱状态，执行的是不分车型、道路、货物以及不同运输条件的"一刀切"公路运价，结果导致汽车运价和实际的运输价值背离。政府为稳定市场、稳定物价、保障供给，开始着手管理运价，此阶段为国家调节，统一运价。

1956 年 9 月，交通部制定"汽车运价计算办法"和"公路货物暂行分类表"对全国汽车运价收费做出统一规定，严厉禁止自营汽车私自抬价、杀价。"大跃进"期间，为缓解运力资源短缺、变相抬高票价的现象，交通主管部门进一步加大了对严格执行统一运价的治理。自1966年起，受"文化大革命"的影响，许多运输线路和运输企业处于中断和停产状态，因此交通部1966年1月对公路客货运输价格进行了调整，客运运价基本保持在0.02元/（人·千米）左右，货物运价降低到0.2元/（吨·千米）左右，一直沿用到20世纪80年代初。

（2）改革开放初期逐渐放松的运价机制（1979—1993年）。

在这一阶段，我国逐渐由计划经济体制转变为市场经济体制，公路运价的市场化改革开始萌芽，政府的严格管控得到了一定程度的放松。

1984年2月，交通部颁发了《汽车运价规则》，在规则中进一步明确了对公路运输价格逐步放松管制，对汽车运价结构实行以差别运价为重点的调整，给予地方和企业一定的调价主动权，在一定范围和一定时期对运价做适当的调整和浮动。自1985年开始，道路运输管理部门普遍实行政企分开，简政放权，逐步由主管直属企业转向全行业管理，由直接管理企业的生产经营活动转向协调服务。20世纪80年代后期到90年代初，交通部出台了一系列法规措施，用以规范客货运定价行为、缓解价格与成本严重脱离状况，其中有代表性的几个阶段如下：① 1987年9月，交通部颁发了《公路运价管理暂行规定》，将公路运价分为国家定价、国家指导价、市场调节价3种，公路运输企业拥有了一些企业定价自主权；② 1989年11月，国家物价局、交通部联合发布《关于提高公路汽车客运票价的通知》，各地可根据情况确定具体实施细则，客运价格水平有一定程度的提高；③ 1992年，交通部开始对公路运价管理权限进行改革，除国际联运、跨省集装箱、零担运价继续由国务院价格主管部门和交通主管部门管理外，其余运价都由省级价格主管部门会同交通主管部门管理。

（3）放松管制的运价机制（1994年至今）。

1994年以后，道路运输业进入一个快速发展时期，运力增长迅速，平均年递增率达到15%以上，道路客货运输价格的市场调节程度不断提高，政府的强制性干预大大弱化，道路客货运输价格体制改革进一步加快。

1994 年 4 月，交通部发布《交通部关于公路汽车运价改革有关问题的通知》，在客运运价方面：明确客运价格主要采取国家指导性价格形式，其中基准价和浮动幅度由各省自行确定[63]；对于高档豪华汽车、包车运输，经省级物价主管部门批准后实行市场调节价；涉外旅客运输按两国地区运输价格协议执行；汽车客运站收费由各省价格主管部门会同交通主管部门管理，实行国家定价。在货运运价方面：货物运价中抢险、救灾、军运等国家重点物资运输实行国家定价；省际零担货物运价，由国家计委和交通部确定；国际集装箱汽车运价及上述范围以外的汽车货物运价管理形式，由各省根据本地区的实际情况自行确定。

1994 年，公路货运价格基本实现运输企业自主定价，公路货运市场处于完全的市场竞争状态中。

1996 年，公路客运价格基本实现运输企业自主定价，并向政府价格管理部门报备[64]。

1998 年，交通部进一步完善了《汽车运价规则》，在原有的运价类型上，增加了包车运价、旅游运价、夜班车旅客运价和春节旅客运价等多种运价形式，进一步健全了道路旅客运输价格体系。

2009 年，交通运输部、国家发展和改革委员会在 1987 年《公路运价管理暂行规定》（交公路字 681 号）和 1998 年《汽车运价规则》（交公路发 502 号）的基础上，制定了《交通部关于发布〈汽车运价规则〉的通知》和《道路运输价格管理规定》。《交通部关于发布〈汽车运价规则〉通知》第七十三条指出：各省、自治区、直辖市交通主管部门应根据本规则，结合当地实际情况，制定实施细则，并按《公路运价管理暂行规定》的价格分级管理权限，制定本地区汽车客货基本运价，各价目、费目的运价率、费率，经同级物价部门审定后，发布施行，并报交通部备案。《道路运输价格管理规定》则较为详细地规定了政府和市场对运价的调节机制（详见专栏 4-1）：道路班车客运主要实行政府指导价，竞争充分的线路可实行市场调节价，具体价格由当地县级以上地方人民政府及其价格、交通运输主管部门按照本规定第八条规定的价格管理权限，根据市场供求情况确定。农村道路客运实行政府定价。加班车客运价格按照班车客运价格执行。对于非定线旅游客运、包车客运实行市场调节价，由承、托运双方根据里程、车型、车辆等级商定。新的运价政策将政府定价限于两种情况：一是国防战备、抢险救灾、紧急运输等政府组织的、指令性的客货运输，这主要是在特殊和紧急的情况下，为了维护国家利益的需要；二是农村客运，主要是为了保障亿万农民群众的基本出行。

【专栏 4-1】 道路运输价格管理规定（节选）

交通运输部 国家发展和改革委员会文件 交运发〔2009〕275 号

第一条 为规范道路运输价格管理，保护旅客、货主及其他消费者和道路运输经营者的合法权益，根据《中华人民共和国价格法》和《中华人民共和国道路运输条例》，制定本规定。

第二条 道路运输价格管理以及道路运输经营者的价格行为，应当遵守本规定。

第三条 国务院价格、交通运输主管部门负责制定全国道路运输价格管理政策，指导各地道路运输价格管理工作。县级以上地方人民政府价格、交通运输主管部门负责本行政区域内的道路以上价格管理工作。

第二章 价格制定

第四条 道路班车客运主要实行政府指导价，竞争充分的线路可实行市场调节价，具体由当地县级以上地方人民政府及其价格、交通运输主管部门按照本规定第八条规定的价格管理权限，根据市场供求情况确定。

农村道路客运实行政府定价。

加班车客运价格按照班车客运价格执行。

第五条 定线旅游客运价格按照班车客运价格执行。非定线旅游客运、包车客运实行市场调节价，由承托运双方根据里程、车型、车辆等级等商定。省、自治区、直辖市人民政府对非定线旅游客运、包车客运价格管理形式另有规定的，从其规定。

第六条 货物运输价格实行市场调节价。

第七条 国防战备、抢险救灾、紧急运输等政府指令性旅客、货物运输实行政府定价。

第八条 县级以上地方各级人民政府及其价格、交通运输主管部门按照以下权限管理道路运输价格：

（一）省级人民政府价格、交通运输主管部门负责管理本行政区域内的道路运输价格，确定道路班车客运价格管理形式，制定国防战备、抢险救灾、紧急运输等政府指令性旅客、货物运输的价格，以及实行政府定价、政府指导价的道路客运车型运价，并核定客运票价的政府定价、政府指导价基准价、浮动幅度或上限票价。

（二）市、县人民政府负责管理本行政区域内的道路客运价格，经省级人民政府授权，可以确定道路班车客运价格管理形式，制定国防战备、抢险救灾、紧急运输等政府指令性旅客、货物运输的价格，以及实行政府定价、政府指导价的道路客运车型运价，并核定客运票价的政府定价、政府指导价基准价、浮动幅度或上限票价。市、县人民政府价格、交通运输主管部门根据各自职责承担相应的具体工作。

第九条　道路运输实行政府指导价或政府定价的，由县级以上地方人民政府交通运输主管部门根据第八条的规定以及当地实际情况拟定价格方案，经同级价格主管部门核准后，报同级人民政府批准。

第十条　道路班车客运政府指导价可以采取制定基准价及上、下浮动幅度，也可以采取制定上限票价及下浮幅度的方式，具体由当地县级以上地方人民政府及其价格、交通运输主管部门根据第八条规定确定。

第十一条　在春运及节假日期间，道路班车客运票价不得在正常的政府指导价浮动范围或者政府定价水平以外实行特殊的加价政策。

第十二条　制定或调整实行政府指导价或政府定价的道路客运运价，应当对方案的可行性和必要性进行论证，广泛听取社会各方面的意见。

县级以上地方各级人民政府及其价格、交通运输主管部门应当加强对道路运输经营情况的调研和监测，综合考虑各种车型、运输成本、比价关系、供求关系、道路运输行业平均利润率、社会承受能力等因素，适时调整客运车型运价及核定客运票价。

第十三条　跨省份班车客运运价，由相关省（自治区、直辖市）按照客运线路起点、终点省份运价水平协商确定。同一条班车客运线路上的相同车型、等级客车的票价水平应当基本一致。

第十四条 国务院有关主管部门及地方各级人民政府应当积极扶持农村道路运输事业发展，对农村道路客运实行低票价政策，执行与城市公共交通相同的相关税费优惠和政府补贴。

第十五条 省级人民政府价格、交通运输主管部门可以根据国内成品油价格变化情况及对客运成本的影响程度，制定运价油价联动方案，报同级人民政府批准实施。

第十六条 各级人民政府价格、交通运输主管部门要加强对道路运输价格的监测。当道路运输价格出现异常上涨时，可以报请国务院或者省、自治区、直辖市人民政府依法采取价格干预措施，保持道路运输价格基本稳定。

第十七条 道路班车客运实行政府指导价的，经营者可以在政府规定的票价浮动范围内，根据市场情况确定具体执行票价。

具体票价执行前，经营者应当按照本规定第八条规定，向当地人民政府价格、交通运输主管部门备案。具体执行票价的备案制度由省级人民政府价格、交通运输主管部门规定。

第十八条 道路班车客运实行政府指导价或者市场调节价的，除政策性调价外，经营者变动运价应提前2周公布。

资料来源：http://www.yunzheng.org/Fagui/Class2/0014.htm。

4.1.2 航空运输定价机制发展

随着我国由计划经济向社会主义市场经济逐渐转变，国内航空客货运输价格管理政策经历了一个政府部门作用逐步弱化的过程。其运价改革发展大致可以分为4个阶段[65]。

（1）第一阶段（中国民航起步至1992年以前）：政府定价。

在这一阶段，我国政府对民航国内运价实行严格的政府规制，国内航线旅客票价由国家物价局会同中国民航局管理，管理的形式是国家定价。

（2）第二阶段（1992—2003年）：一种票价、多种折扣。

在此期间，我国整体处于由计划经济向市场经济的转型期，政府对民航国内运价采取由政府定价逐步过渡到政府指导价的管理政策，相关政府部门逐步尝试扩大航空公司定价和价格浮动的自主权，逐渐放松对民航运价的管制。

1992年，国务院召开关于研究民航运价管理体制改革问题的会议，会议确定了国家物价局和中国民航局在国内航线运价管理方面的分工：公布票价及浮动幅度，航空邮件价格由国家物价局管理；折扣票价和省区内航线公布票价以及货运价格由中国民航局管理，同时允许航空公司票价可以上下浮动10%。

1996年3月1日至今，根据《中华人民共和国民用航空法》（简称《民用航空法》）和《中华人民共和国价格法》（简称《价格法》），国内航线票价管理明确为以中国民航局为主，会同国家发改委管理。管理形式为政府指导价，国内货物运价由中国民航局统一管理。

1997年7月1日起，实行境内和境外旅客乘坐国内航班调价政策，即境内、境外旅客在境内购票统一执行0.75元/（人·千米）的票价（称为旧票价）；在境外购票统一按0.94元（人·千米）（后称为A票价）执行。1997年11月，中国民航局推出"一种票价，多种折扣"的政策。

1999年2月1日，为规范市场秩序，规定各航空公司票价按国家公布价销售，不得滥用折扣。

2000年，中国民航局决定，自2000年5月15日起，先期以海南联营航线为试点，实行旅游团队优惠票票价；自10月1日起，放松对支线票价的管理；自2001年11月5日起，对国内航线实施"燃油加价"的政策，允许航空公司票价最大上浮15%，单程不超过150元，同时建立票价与油价联动机制，当国内航油价格变动10%时，允许航空公司票价最多可变动3%。

2001年，中国民航局决定，自2001年3月6日起，在北京—广州、北京—深圳等7条多家经营航线上试行多等级票价体系；自5月20日起，在海南联营航线上也试行多等级票价体系。2002年，中国民航局决定进一步完善国内航线团体票价政策，自2002年6月10日起对国内航线团体票价试行幅度管理，即团体票价最低折扣率可根据购票时限、航程性质、人数不同而有所区别。

（3）第三阶段（2004—2014年）：政府指导价。

在此阶段，以 2004 年《民航国内航空运输价格改革方案》（以下简称《运价改革方案》）正式实施为标志，以政府指导价为主，允许航空公司以基准价为核心在规定浮动幅度范围内自主定价的现行运价政策管理模式正式固定下来，实施效果良好。

《运价改革方案》明确指出，在政府宏观调控下，逐步扩大民航运输企业定价自主权。国内航空运价以政府指导价为主，政府价格主管部门由核定航线具体票价的直接管理改为对航空运输基准价和浮动幅度的间接管理。国内航空旅客运输的价格，将以现行航空运输企业在境内销售执行的各航线公布票价为基准价（平均每客千米 0.75 元），允许航空运输企业在票价上浮不超过基准价格 25%，下浮幅度不超过基准价的 45% 的范围内，自行制定具体票价种类、水平和使用条件，即赋予了航空运输企业在限定幅度内自主定价的权利。

（4）第四阶段（2014 年至今）：企业自主定价。

2017 年 12 月 17 日，民航局会同国家发改委印发《关于印发民用航空国内运输市场价格行为规则的通知》（以下简称《规则通知》）和《中国民用航空局　国家发展和改革委员会关于进一步推进民航国内航空旅客运输价格改革有关问题的通知》（以下简称《改革通知》），进一步推进了民航国内航空运输价格市场化改革，建立健全了主要由市场决定票价的机制。

《规则通知》规定，根据客货类型、舱位类型的不同实行政府指导价与市场调节价相结合的方式，即头等舱、公务舱旅客运价实行市场调节价；经济舱旅客运价根据不同航线市场竞争状况分别实行市场调节价、政府指导价，实行市场调节价的具体航线按照中国民用航空局商国家发展和改革委员会公布的目录执行；货物运价实行市场调节价。详情见专栏 4-2。

【专栏 4-2】　国家发改委：关于印发民用航空国内运输市场价格行为规则的通知（节选）

第一章　总　　则

第一条　为加强民用航空国内运输市场价格管理，规范国内航空运输市场价格行为，维护国内航空运输市场正常价格秩序，保护消费者和经营者合法权益，根据《中华人民共和国价格法》《中华人民共和国民用航空法》以及国家相关法律法规的规定，制定本规则。

第二条 国内航空运输企业制定、公布与执行民用航空国内运输价格的行为适用本规则。

本规则所称民用航空国内运输是指国内航空运输企业（以下简称航空运输企业）在中华人民共和国境内两点间且在境外没有约定经停地点的航空运输。

本规则所称民用航空国内运输价格（以下简称国内运价）是指航空运输企业经营定期民用航空国内运输业务时运送旅客、货物所适用的价格。

第三条 头等舱、公务舱旅客运价实行市场调节价；经济舱旅客运价根据不同航线市场竞争状况分别实行市场调节价、政府指导价，实行市场调节价的具体航线按照中国民用航空局商国家发展和改革委员会公布的目录执行。

货物运价实行市场调节价。

第四条 航空运输企业应当遵守国家相关法律法规的规定，遵循"合法、公平、诚信"的原则，严格执行国家价格政策规定。

第五条 民用航空主管部门、各级价格主管部门按照职责分工，依法对航空运输企业制定、公布与执行国内运价的行为实施监管。国家鼓励社会公众参与监督。

第二章 国内运价制定

第六条 航空运输企业制定国内运价，包括制定、调整实行市场调节价的国内运价，以及按照政府规定制定、调整实行政府指导价的国内运价。

第七条 实行市场调节价的国内运价，由航空运输企业根据生产经营成本、市场供求和竞争状况，按照本规则规定自主制定实际执行的运价种类、水平和适用条件。

第八条 航空运输企业应当按照保持航空运输市场平稳运行的要求，合理确定实行市场调节价的国内运价调整范围、频次和幅度。

每家航空运输企业每航季上调实行市场调节价的经济舱旅客无折扣公布运价的航线条数，原则上不得超过本企业上航季运营实行市场调节价航线总数的 15%；上航季运营实行市场调节价航线总数的 15% 不足 10 条的，本航季最多可以调整 10 条航线运价。每条航线每航季无折扣公布运价上调幅度累计不得超过 10%。

第九条 实行政府指导价的经济舱旅客运价，由航空运输企业以按照政府规定办法确定的具体基准价为基础，在上浮不超过政府规定最高幅度、下浮幅度不限的范围内，按照本规则规定确定实际执行的运价种类、水平和适用条件。

…………

资料来源：百度百科，https://baike.baidu.com/。

《改革通知》则再一次放开运价改革，扩大市场调价航线："5 家以上（含 5 家）航空运输企业参与运营的国内航线，国内旅客运价实行市场调节价，由航空运输企业依法自主制定。实行市场调节价的国内航线目录，由民航局商国家发展改革委根据运输市场竞争状况实行动态调整，具体目录在民航局网站公布。"国内旅客运价实行市场调节价，采用市场调节价航线旅客运输量占比将达到 70% 以上，详情见专栏 4-3。

【专栏 4-3】 国家发改委：中国民用航空局 国家发展和改革委员会关于进一步推进民航国内航空旅客运输价格改革有关问题的通知

民航各地区管理局，各省、自治区、直辖市发展改革委、物价局，各运输航空公司：

为深入贯彻党的十九大精神，落实党中央、国务院关于推进价格机制改革的决策部署，充分发挥市场在资源配置中的决定性作用，促进民航运输业更高质量发展，决定进一步推进民航国内航空旅客运输价格（以下简称国内旅客运价）市场化改革，建立健全主要由市场决定价格的机制。现就有关事项通知如下：

一、5 家以上（含 5 家）航空运输企业参与运营的国内航线，国内旅客运价实行市场调节价，由航空运输企业依法自主制定。实行市场调节价的国内航线目录，由民航局商国家发改委根据运输市场竞争状况实行动态调整，具体目录在民航局网站公布。

二、航空运输企业应当按照保持航空运输市场平稳运行的要求，合理确定实行市场调节价的国内旅客运价调整范围、频次和幅度。每家航空运输企业每航季上调实行市场调节价的经济舱旅客无折扣公布运价的航线条数，原则上不得超过本企业上航季运营实行市场调节价航线总数的 15%（不足 10 条航线的最多可以调整 10 条）；每条航线每航季无折扣公布运价上调幅度累计不得超过 10%。上述航季分为夏秋航季和冬春航季，具体起止日期按照民航局规定执行。

三、航空运输企业制定、调整各类国内航线实际执行的旅客运价种类、水平、适用条件，应当于执行前至少提前 7 日向社会公布，并通过航空价格信息系统抄报民航局、国家发改委。

四、航空运输企业应当遵守《价格法》《民用航空法》等相关法律法规规定，严格执行国家价格政策。按照《民用航空国内运输市场价格行为规则》要求，自觉规范价格行为。航空运输企业和销售代理企业必须严格落实明码标价规定，通过门户网站等渠道及时、准确、全面地公示实际执行的国内旅客运价以及收取的退票费等各项费用，未予标明的费用一律不得收取。

五、民用航空主管部门要进一步健全国内旅客运价监测制度，加强行业监督。要加快构建以诚信体系为核心的监督机制，建立航空运输企业和销售代理企业价格行为信用档案，将其价格违法违规行为记入信用记录，并依据有关规定实施惩戒。

六、各级价格主管部门要加强对国内旅客运价的监管，建立日常巡查、重点检查和"双随机"抽查相结合的监督检查机制。充分发挥全国 12358 价格监管平台作用，认真及时受理群众举报，依法查处航空运输企业和销售代理企业各类价格违法违规行为。国家鼓励社会公众参与对航空运输企业和销售代理企业价格行为的监督。

本通知自印发之日起实行。执行中出现的问题，请及时报告民航局、国家发改委。

资料来源：中华人民共和国国家发展和改革委员会网站。

总之，目前我国已全面放开民航货物运输价格，对继续保留实行政府指导价的国内民航客运票价，改由航空运输企业根据国家制定的

规则自主定价和调整基准票价。

4.1.3　水路运输定价机制发展

（1）第一阶段（1978—1991 年）：运价管制和收费管理逐步放宽。

该阶段是我国从传统的计划经济时代向有计划的商品经济转型的过渡阶段，开始尝试突破政府对水路运输价格的严格管制。

水运价格的改革分别按照航运货运价格和港口收费两个方面推进。以长江水系、珠江水系、松花江水系为主体的内河水运货物运价及沿海货物运输突破政府定价，实行以政府指导价为主的货物运输价格，水运货运企业开始拥有一定的定价自主权。港口收费分外贸和内贸两部分：外贸港口收费经多次调整，码头收费、船舶和货物收费标准逐步统一，收费管理逐步放宽；内贸港口收费中货物的综合装卸费及港口的各项杂费和驳运费率经过适当调整，将内贸港口收费部分项目的定价权下放给企业。港口收费均要接受地方政府的价格监督与指导。水运客运价格仍以政府定价为主。

（2）第二阶段（1992—2001 年）：水运企业价格自主权逐步扩大。

该阶段是我国建立社会主义市场经济的开始阶段，也是我国加入世界贸易组织前的准备阶段。此时，我国绝大多数商品和服务的价格取消计划价格，实行市场价格。在此形势下，水运价格改革继续深入，水运企业价格自主权继续扩大。

到 2001 年，外贸港口费率标准逐渐与国际惯例接轨，内贸港口收费除计划内重点运输货物的装卸费执行国家定价外，运输货物的装卸费实行市场调节价。水运客货运输价格全面实现市场调节，具体价格由水运企业根据经营成本和市场供求情况自行确定，中央直属水运企业的客货运输价格由企业报国家计委、交通部备案，其他水运企业的运输价格报相关省交通主管部门备案[66]。

（3）第三阶段（2002 年至今）：放开水路客货运输价格，实行市场调节价。

2001 年 5 月 1 日，国家放开水路客货运输价格（不包括由军费开支和财政直接支出的军事、抢险救灾运输价格），实行市场调节价，详见专栏 4-4。

【专栏 4-4】 国家计委、交通部关于全面放开水运价格有关问题的通知

计价格〔2001〕315 号

各省、自治区、直辖市计委、物价局、交通厅（局、委办），中国海运（集团）总公司，中国长江航运（集团）总公司：

为适应社会主义市场经济体制要求，充分发挥价格杠杆对水运市场资源的配置作用，促进水运业发展，经国务院批准，放开水运客货运输价格，现将有关事项通知如下：

一、2001 年 5 月 1 日开始，放开水运客货运输价格（不包括由军费开支和财政直接支出的军事、抢险救灾运输价格），实行市场调节价。具体价格由水运企业根据经营成本和市场供求情况自行确定，中央直属水运企业的客货运输价格由企业报国家计委、交通部备案，其他水运企业的运输价格报相关省（区）价格、交通主管部门备案。

二、由军费开支和财政直接支出的军事、抢险救灾运输价格继续实行政府定价，具体价格由国家计委会同交通部制定。

三、水运价格放开后，各水运企业应严格执行国家关于明码标价的有关规定。除合同运价外，水运企业调整水路客、货运输价格，应提前30 天向社会公布。各级地方政府价格主管部门和交通主管部门要加强对水运市场价格变化情况的跟踪和监测，发现异常情况要及时报告国家计委和交通部。要认真受理用户投诉，对于调价幅度明显不合理引起社会各方面强烈反映的，要依据《价格法》有关规定进行必要的干预。

资料来源：http://www.gov.cn/gongbao/content/2002/content_61944.htm。

2001 年年底，我国正式加入世界贸易组织，标志着我国社会主义市场经济向更高、更深的层次发展。在水路货运方面，围绕物流成本降低实行了一系列的企业价格策略和措施。水路运输价格实现了客户"一口价"服务，即客户货物从始发地到目的地所涉及的各个环节收费可以通过集中一次性报价完成；有针对货物的批次、批量、目的地以及其他服务要求的多级报价；有针对客户服务的多种优惠，价格灵活，能够适应货物运输市场需要的报价。

2005 年以来，国际原油价格开始上涨，油价的上涨增加了水运企业成本，价格主管部门通过加收燃油附加费的政策，对水运企业成本实施补贴。在国际原油价格上涨过程中，多次调整燃油附加费收费标准，使水路运输价格与燃油价格联动。《中华人民共和国交通部直属水运企业货物运价规则》中提到：企业承运国家下达的计划运输的货物，可按本规则规定的运价，在上下 20% 的幅度内自行确定具体价格。第十四条指出：非计划运输的货物，实行市场调节价。

4.2 我国其他运输方式定价机制发展的启示

纵观我国道路、民航、水路运价改革历程不难发现，其运价改革与社会主义市场经济改革相匹配，适应了不同时期的市场环境，建立了市场机制，在发挥市场对资源配置的基础性作用方面取得了较大进展，促进了公路、航空、水路事业的持续、快速、健康发展，可为广大人民群众和货主提供更加安全、优质、便捷的运输服务，增强了其在运输市场的竞争力。总体看来，其改革过程具有以下 3 个特点：一是价格管理形式均由政府定价、严格管控，逐步过渡到以政府指导价为主，最终全面放开管制；二是价格调整机制由调整价格水平转变为调整价格机制；三是价格改革过程是渐进式、稳步放开的，是一个不断探索、调整的过程。研究我国其他运输方式的定价机制改革发展，可以为铁路运输定价机制改革提供经验。

4.2.1 立法保障运价改革原则

立法要适应改革的需要，要坚持立法先行，实现立法和定价机制改革决策相衔接，做到运输定价机制改革有法可依、于法有据（此处的"法"不仅指法律法规，还指管理规定与法规性文件）。从公路、航空运输的定价机制发展历程来看，每次重大的运价调整都有相应的法律、法规、规则、规定等予以明确和支持，从而保证运价改革有有效的法律支撑，减少运价改革阻力，提升运价改革措施推行效率。

在公路运输定价机制改革过程中，相关政府部门出台了《汽车运价规则》《公路运价管理暂行规定》《关于公路汽车运价改革有关问题的通知》《道路运输价格管理规定》等规章制度，对运价形式、价格主管部门的定价权限及管理职责、运价管制等方面的内容予以明确规定，并在后续的改革过程中进行了不断修改和完善。

在航空运输定价机制改革过程中，《民用航空法》《价格法》《民航国内航空运输价格改革方案》《关于印发民用航空国内运输市场价格行为规则的通知》《中国民用航空局　国家发展和改革委员会关于进一步推进民航国内航空旅客运输价格改革有关问题的通知》等规定对航空运价改革内容进行了详细说明，赋予航空运输相关部门（包括航空运输企业、政府价格主管部门等）相应的权力并明确其应履行的职责。

在水路运输定价机制改革的过程中，《国家计委、交通部关于全面放开水运价格有关问题的通知》和《中华人民共和国交通部直属水运企业货物运价规则》明确提出了我国水运运价的确定方法及运价浮动的范围，并对违反通知的调价行为予以监督。

随着我国铁路改革的不断深入，铁路运输价格政策也要适应新形势的要求，铁路运输定价机制改革时，应修改已有规定或出台新的政策予以说明和保障、监督执行，从而保障铁路运输定价机制改革。

4.2.2　市场化定价原则

公路运输的规则和规定中在对道路班车客运、非定线旅游客运、包车客运实行市场调节价、道路货物运输等不同情况进行定价时，给道路运输经营者适当的或完全的定价权，根据具体情况灵活定价，这有助于更好地发挥市场机制的作用，鼓励道路运输经营者提供多层次运输服务，满足不同群体多层次的运输需求。

《规则通知》中规定可根据客货类型、舱位类型的不同实行政府指导价与市场调节价相结合的方式，据不同情况灵活定价。

水路客货运输价格也全面实现市场调节，不仅采用客户"一口价"，还有针对货物批次、批量、目的地以及其他服务要求的多级运价，针对客户服务的多种优惠运务等灵活的定价形式。

我国铁路运输运价制定过程也应充分考虑市场供需关系规律及市场竞争状态，通过市场竞争来调节自身的定价水平，由市场供需的变化引导运价的浮动，从而更好地发挥市场机制的调节作用、适应市场的发展。

4.2.3 分类定价原则

运输定价机制的制定需要正确处理好公益性与经营性之间的关系，既要调动运输经营者的积极性，促进行业的繁荣发展，又要保护旅客、货主等消费者的利益，保障国家和社会效益[67]。

1994 年 4 月，《关于公路汽车运价改革有关问题的通知》明确规定：在货运运价方面，货运运价中抢险、救灾、军运等国家重点物资运输实行国家定价；省际零担货物运价，由国家计委和交通部确定[67]；国际集装箱汽车运价及上述范围以外的汽车货物运价管理形式，由各省根据本地区的实际情况自行确定。其中，对公益性运输与营利性运输进行了明确区分，采取不同的定价方法。之后实行市场调节定价改革的过程中，为了维护国家利益、保障社会稳定，新的运价政策也始终明确在以下两种情况下采取政府定价：一是国防战备、抢险救灾、紧急运输等政府组织的、指令性的客货运输；二是农村客运。

在我国水路运输中，国家放开水路客货运输价格，实行市场调节价，但同时也明确规定这并不包括由军费开支和财政直接支出的军事、抢险救灾的公益性运输价格。《中华人民共和国交通部直属水运企业货物运价规则》规定：企业承运国家下达的计划运输的货物，可按本规定规定的运价，在上下 20% 的幅度内自行确定具体价格。

在中央《关于深化国有企业改革的指导意见》"分类改革、分类发展、分类监管、分类定责、分类考核"的精神下，同时参照国外铁路运输模式实行"网运分离"。由于路网领域以公益性为主，运营领域以商业性为主（需要承担一部分公益性运输任务），故铁路运输企业必须根据客观形势，大力推进铁路运价形成机制的改革，实行分类定价，即实行政府定价、政府指导价、市场调节价等多元化的铁路运价形成机制，对公益性运输实行政府定价或政府指导价，对营利性运输实行市场调节价，以适应运输市场供求变化、市场竞争和铁路改革的需要。

4.3　本章小结

本章分别叙述了国内公路、航空、水路 3 种运输方式定价机制的发展历程，选取并分析了相应运价规则制定文件中的一些具体内容，以期给国内铁路运输定价机制提供参考和借鉴。

综合来看，除铁路外其他 3 种主要运输方式的改革过程有共同之处：都经历了价格管理形式由政府管理逐步过渡到以政府指导价为主，最终全面放开的过程。价格调整机制都由调整价格水平转变为调整价格机制，这种改革是渐进式、稳步放开的，是一个不断探索、调整的过程。

结合上述 3 种运输方式价格规则发展历程，考虑国内铁路运输行业目前存在的一些问题，可以给新时期铁路运价规则的制定一些启示：立法先行，引领定价机制改革；实行市场化、灵活性定价；区分营利性和公益性运输，分类定价。

第5章　我国铁路运输现行运价体系及改革思路

铁路客运和货运的服务对象不同，长期以来已经形成了各自的定价体系。对于铁路旅客运输来说，有普速铁路和高速铁路可供选择，两者具有不同的定价策略。对于铁路货物运输来说，受货物种类多且杂、运输要求有差别的影响，铁路货物运价有不同分类，运输运费最终体现为各种费用的总和。本章将主要从客运和货运两方面分别介绍其现行的运价体系及存在的问题，并结合第 2~4 章的相关理论，提出适应我国国情和路情的铁路运价体系改革思路。

5.1　铁路旅客运输现行运价体系

5.1.1　普速铁路

1．旅客票价构成要素

（1）基本票价率与票价比例关系。

硬座客票票价率是旅客票价的基础，是决定全部旅客票价水平最重要的因素。

在制定硬座客票基本票价率时，应认真执行党和国家的方针、政策，根据旅客运输成本，考虑人民生活水平和旅行需要，并参照其他运输方式的旅客票价，在调查研究的基础上通过核算加以确定。当硬座客票基本票价率确定后，其他各种票价率就按其加成或减成比例计算。现行各种票价率的比例关系如表 5-1 所示。

表 5-1　各种票价率和比例关系

票种		票价率 / [元 / (人·km)]	比例/%
硬座客票		0.058 61（基础）	100
软座客票		0.117 22	200
市郊客票		单程 0.049 82	85
月票		按市郊单程票价率×18 计算	—
季票		按市郊单程票价率×40 计算	—
棚车客票		按硬座客票半价计算	—
加快票	普快	0.011 72	20
	快速	按普快票价 2 倍计算	—
硬卧票	开放式 上铺	0.064 47	110
	开放式 中铺	0.070 33	120
	开放式 下铺	0.076 19	130
	包房式 上铺	按开放式硬卧中铺票价另加 30%计算	—
	包房式 下铺	按开放式硬卧下铺票价另加 30%计算	—
软卧票	上铺	0.102 57	175
	下铺	0.114 29	195
高级软卧票	上铺	0.123 08	210
	下铺	0.134 80	230
空调票		0.014 65	25

数据来源：杜文，《旅客运输组织》，西南交通大学出版社 2008 年版。

（2）旅程区段。

计算旅客票价时，并不是完全按运输里程一一计算，而是要考虑旅客较合理地支付票价，将运输里程分为若干区段，对同一里程区段核收同一票价。现行旅客票价里程区段划分如表 5-2 所示。

计算旅客票价，除实行票价区段外，同时要考虑运输成本及分流的问题，对票价的计算规定了起码里程：客票 20 km，空调票 20 km，加快票 100 km，卧铺票 400 km（特殊区段另有规定者除外）。

表 5-2　旅客票价里程区段

里程区段/km	每区段里程/km	区段数	里程区段/km	每区段里程/km	区段数
1 ~ 200	10	20	1 601 ~ 2 200	60	10
201 ~ 400	20	10	2 201 ~ 2 900	70	10
401 ~ 700	30	10	2 901 ~ 3 700	80	10
701 ~ 1 100	40	10	3 701 ~ 4 600	90	10
1 101 ~ 1 600	50	10	4 601 以上	100	—

数据来源：杜文，《旅客运输组织》，西南交通大学出版社 2008 年版。

（3）递远递减率。

由于运输成本随运距增加而相应降低，因此，旅客票价采取递远递减的办法进行计算，以减轻长途旅客的经济负担，特别是照顾边远地区的居民同其他地区的联系。旅客票价采取递远递减率的办法进行计算，旅客票价从 201 km 起实行递远递减[68]。现行各里程区段的递远递减率和递减票价率（以硬座票价为例）如表 5-3 所示。

表 5-3　旅客票价递远递减率和递减票价率（以硬座票价为例）

区段/km	递减率/%	票价率/[元/(人·km)]	各区段全程票价/元	区段累计票价/元
1 ~ 200	0	0.058 610	11.722 0	11.722 0
201 ~ 500	10	0.052 749	15.824 7	27.546 7
501 ~ 1 000	20	0.046 888	23.444 0	50.990 7
1 001 ~ 1 500	30	0.041 027	20.513 5	71.504 2
1 501 ~ 2 500	40	0.035 166	35.166 0	106.670 2
2 501 以上	50	0.029 305		

数据来源：杜文，《旅客运输组织》，西南交通大学出版社 2008 年版。

2. 旅客票价计算

除初始区段不足起码里程按起码里程和最后一个区段按中间里程计算外，其余各区段均分别按其区段里程计算，根据各区段的递减票价率求出该区段的全程票价和最后一个区段按中间里程求出的票价加总，即为基础票价（起码里程，客票为 20 km，加快票为 100 km，卧铺票为 400 km）[69]。

对于计算基本票价的中间里程的确定，可按式（5-1）计算：

$$L_{中间} = \begin{cases} L_{基} & (n=1) \\ \sum_{i=1}^{n-1} L_{段i} + 0.5L_{段n} & (n \geqslant 2) \end{cases} \quad （5\text{-}1）$$

式中　$L_{中间}$——区段中间里程；

　　　$L_{基}$——起码里程；

　　　$L_{段i}$——第 i 个计价区段；

　　　n——总里程所包含的小区段数。

铁路旅客乘车意外伤害保险费是指被保险人在保险期间内持有效乘车凭证，乘坐境内旅客列车，遭受意外伤害致使本人身故、伤残或者受伤治疗的，铁路自保公司按照约定给付保险金的一种保险服务。旅客乘车意外伤害保险费于 2013 年 1 月取消。自 2016 年 11 月以来，火车票的票面金额不再包括保险，该保险由旅客在购买火车票时自愿购买，保费 3 元，最高保障 30 万元意外身故、伤残和 3 万元意外医疗保险金[70]。

3．算　例

【例 5-1】　一名普通旅客[①]，拟乘坐普速列车从鞍山到北京，已知两站间票价里程为 707 km，选择车次为 2550 次，购买座席为新空调硬座普快卧（下铺），愿意购买保险。其票价计算如下：

旅客票价里程：707 km，位于 701～740 km 段内，按 720 km 计算票价。

硬座客票：考虑递远递减，查表 5-3 可得：27.546 7 + (720 - 500)×0.046 888 = 37.862 06（元）。

保险费：3 元。

37.862 06 + 3 = 40.862 06（元），四舍五入得 41 元。

加快票：硬座客票 20%，即 37.862 06×20% = 7.572 412（元），四

---

①　此处考虑儿童、学生等特殊旅客票价有优惠。

舍五入得 8 元。

空调票：硬座客票 25%，即 37.862 06×25% = 9.465 515（元），四舍五入得 9 元。

卧铺票（下）：硬座客票 130%，即 37.862 06×130% = 49.220 678（元），四舍五入得 49 元。

新型空调车票价上浮 50%。

硬座客票：41×150% = 61.5（元），四舍五入得 62 元。

加快票：8×150% = 12（元）。

空调票：9×150% = 13.5（元），四舍五入得 14 元。

卧铺票：49×150% = 73.5（元），四舍五入得 74 元。

附加费：客票发展金 1 元，候车室空调费 1 元，卧铺订票费 10 元。

则票价：62 + 14 + 74 + 12 = 173（元）。

5.1.2　高速铁路

我国高速铁路票价方案参考了普速铁路的定价方法，由基本票价加上附加票价，应用"递远递减"原则确定最终票价，基本票价的确定由基本票价率与里程计算求得[71]。

1．高铁票价管制阶段

（1）基本票价率。

如果车底允许最高运营速度大于等于线路最大运营速度，则基价以线路速度为基准计算；如果车底允许最高运营速度小于线路最大运营速度，则基价以车底速度为基准计算，通常是速度越高单价越高。但是高速铁路旅客票价并不是全路统一的，而是与该高铁所属铁路局集团公司有关，铁路局集团公司对定价有一定的话语权。以宝兰和西成为例，同样作为 250 km/h 的高铁，宝兰高铁的单价是 0.31 元/km，并一直执行折扣价，而西成高铁单价是 0.4 元/km。同样的速度等级其单价却不同，动车票的总价基本上就等于单价乘以里程。我国高速铁路的发展正处于起步阶段，高铁票价体系还不完善，但根据公开数据研究发现：250 km/h 级的高速铁路收费一般为 0.3 ~ 0.4 元/km，

250 km/h 级以上为 0.4 ~ 0.45 元/km。我国主要高铁线路客运票价情况如表 5-4 所示。

表 5-4　我国主要高铁线路客运票价情况

高铁线路	运营里程/km	运营时间/（年/月/日）	总票价/元（二等座）	平均运价率/（元/km）
京津	120	2008.08.01	55	0.458
沪杭	169	2010.10.26	78	0.462
京石	281	2008.10.07	128.5	0.457
宁沪	301	2010.07.01	140	0.465
郑西	505	2010.02.06	230	0.455
石武	840.7	2012.12.26	414.5	0.493
武广	1 069	2009.12.26	465	0.435
京沪	1 318	2011.06.30	555	0.421
京广	2 298	2012.12.26	865	0.376

数据来源：根据铁路 12306 网站数据整理。

（2）运营里程。

运营里程是指线路计价里程，需要特别指出的是，计价里程不一定等于实际线路长度。目前，所有的里程数都以铁路部门公布的《客运运价里程表》为准。

（3）递远递减原则。

高铁票价实行递远递减优惠，高铁客票的起码里程是 20 km，不足 20 km 的短途车票一律按 20 km 计费。500 km 以内没有折扣，500 ~ 1 000 km 部分打 9 折，1 000 ~ 1 500 km 部分打 8 折，1 500 ~ 2 000 km 部分打 7 折，2 000 km 以上部分打 6 折。旅客意外伤害保险费为线性计费，与席别、里程无关，费率为 0.001 172 2 元/km，是基本票价（0.058 61 元/km）的 2%。旅客意外伤害保险费 2013 年 1 月起取消。

2. 高铁票价实施市场调节价阶段

为落实国家价格机制改革的有关要求，铁路运输企业逐步加快动车组票价的市场化改革步伐，从 2015 年开始试点推行浮动票价。目前，京沪线已经开始实行票价浮动机制，根据市场需求、运营状况，实行票价季节浮动、时段浮动和周内浮动。浮动方案由京沪高铁公司在运价政策范围内确定，浮动幅度灵活，不受铁路客运服务最高 5% 涨价幅度的限制。2016 年 2 月，国家发改委发布《关于改革完善高铁动车组旅客票价政策的通知》，高铁动车票价调整机制被放开，由铁道部改制而来的中国铁路总公司被正式赋予自行定价权，动车组票价实施市场调节价，由运输企业根据市场竞争状况自主确定。

5.2　铁路货物运输现行运价体系

5.2.1　我国铁路货物运价分类

铁路货物运价可分别按货物运输种类和使用范围进行分类。按货物运输种类分，铁路货物运价可分为整车货物运价（含冷藏车货物运价）、零担货物运价和集装箱货物运价；按使用范围可分为普通运价、特殊运价和军用运价[72]。

普通运价是货物运价的基本形式，是全国正式营业铁路线路适用的统一运价，也是作为计算货物运输费用的基本依据，其他特殊情况下的铁路货物运价按照普通运价以一定比例进行加成计算[73]。我国现行的整车、零担、集装箱各号运价都属于普通运价。

特殊运价是指地方铁路、临时运营线和特殊线路的运价，如集通线（地方铁路）、宣杭线（临时营业线）、广九线（特殊线路）等[40]。

军用运价是对军用物资运输所规定的运价。计算军用运价的重要依据是《铁路军事运输计费付费办法》。

5.2.2　我国铁路货物运费构成

铁路货物运输费用是对铁路运输企业所提供的各项生产服务消耗的补偿，具体由货物运费、杂费、专项代收费和延伸服务费组成[74]。我国铁路货物运费计算的执行标准参照《铁路货物运价规则》。

（1）货物运费。

货物运费由发到运费和运行运费构成，以货物的计费重量和运价里程为基础征收费用，是铁路货物运输简单再生产支出的补偿。不同的运输方式、货物类别、运输距离等产生的货物运费不同。铁路货物运费的计算方法如下：

整车货物运价 = (基价1 + 基价2 × 运价里程) × 计费重量

零担货物运价 = (基价1 + 基价2 × 运价里程) × 计费重量 / 10 kg

集装箱货物运价 = (基价1 + 基价2 × 运价里程) × 箱数

（2）货运杂费。

货运杂费是对一般作业环节以外的，占用铁路设施和劳务等情况带来的成本增加的补偿[11]。其包括运营杂费，延期使用运输设备、违约及委托服务费用，以及租、占用运输设备费用。铁路货物运输营运中的杂费按照实际发生的项目和"铁路货运营运杂费费率表"的规定收取[10]。

表 5-5 为从 2015 年 4 月第 9 版《铁路货物运价规则》内所附"铁路货运营运杂费费率表"中截取的部分内容。

表 5-5　铁路货运营运杂费费率表（部分）

序号	项 目		单 位	费率
3	D 型长大货物车使用费	标重不足 180 吨　不超重	元/（吨·千米）	0.25
		标重不足 180 吨　一级超重	元/（吨·千米）	0.30
		标重不足 180 吨　二级超重	元/（吨·千米）	0.35
		标重 180 吨以上　不超重	元/（吨·千米）	0.30
		标重 180 吨以上　一级超重	元/（吨·千米）	0.35
		标重 180 吨以上　二级超重	元/（吨·千米）	0.40
		标重 180 吨以上　超级超重	元/（吨·千米）	0.60
4	D 型长大货物车空车回送费		元/轴	300.00
5	取送车费		元/（车·千米）	6.00
6	机车作业费		元/半小时	60.00
7	押运人乘车费		元/（人·百千米）	3.00
8	货车篷布使用费	500 千米以内	元/张	50.00
		501 千米以上	元/张	70.00

资料来源：中华人民共和国铁道部，《铁路运输企业成本费用管理核算规程》，中国铁道出版社 1998 年版。

（3）专项代收费。

专项代收费包括铁路建设基金、新路新价均摊运费、电气化附加费、印花税等。建设基金应根据"铁路建设基金费率表"进行计算，电气化附加费应根据"电气化附加费费率表"以及"铁路电气化区段表"进行计算[5]。铁路建设基金、新路新价均摊运费以及电气化附加费的计算方法如下：

建设基金 = 费率×计费重量（箱数或轴数)×运价里程

新路新价均摊费 = 均摊运价率×计费重量（箱数或轴数)×运价里程

电气化附加费 = 费率×计费重量（箱数或轴数)×电气化里程

（4）延伸服务费。

延伸服务费指在铁路运输过程中，延伸服务经营者在提供延伸服务时按不同服务内容向委托人收取的费用。此费用只在委托人享受了铁路运输提供的延伸服务后产生，如货物接取送达、仓储保管、流通加工等服务。

5.2.3　我国铁路货物运费计算因素

（1）运价里程。

运价里程应根据《货物运价里程表》按照发站至到站间国家铁路正式营业线最短径路（与国家铁路办理直通的合资、地方铁路和铁路局临管线到发的货物也按照发、到站间最短径路）计算；在《货物运价里程表》内等有明确规定计费线路的，按照相关规定径路计算。运价里程不包含专用线、货物支线的里程[75]。

（2）运价号。

我国铁路货物运价实行分号运价制，以"铁路货物运输品名分类与代码表"及"铁路货物运输品名检查表"为执行标准。运价号是以货物的自然属性、生产特征为主要分类标志，个别按用途分类，同时考虑货物的国民经济意义、运量大小、运送条件和运价的要求制定。不同的运价号对应着不同的运价率，由此使货物运费有区别。我国铁路货物运价一共包含 22 个运价号，其中整车货物分为 7 个运价号，机械冷藏车相当于 1 个运价号，零担货物分为 2 个运价号，集装箱货物根据箱型分为 2 个运价号。

对于执行标准内未列名货物，可按货物小类、中类、大类的顺序依次判定货物的收容类目。各类仍不能归属的货物则列入总收容类目——未列名的其他货物。半成品除明确规定者外均按成品适用类别和运价号。

（3）运价率。

铁路货物运价率是根据货物运价号制定出的对应每一个运价号的基价 1 和基价 2。基价 1 是货物在发、到站进行发到作业时单位重量（箱数）的运价，只与货物的计费重量有关；基价 2 是指货物在途期间单位重量（箱数）每一运价千米的运价，与货物的运价里程和计费重量有关[11]。

表 5-6 为国家发改委于 2018 年 12 月 28 日公布的铁路货物运价率表。其中，计费重量指用于计算货物运输费用的货物重量。整车货物计费重量以吨（t）、轴为单位，零担货物以 10 kg（不足 10 kg 进整为 10 kg）为单位，集装箱货物以箱为单位。

表 5-6　铁路货物运价率表

办理类别	运价号	基价 1		基价 2	
		单位	标准	单位	标准
整车	1	元/吨	8.20	元/（吨·千米）	0.068
	2	元/吨	9.50	元/（吨·千米）	0.086
	3	元/吨	12.80	元/（吨·千米）	0.091
	4	元/吨	16.30	元/（吨·千米）	0.098
	5	元/吨	18.60	元/（吨·千米）	0.103
	6	元/吨	26.00	元/（吨·千米）	0.138
	7			元/（吨·千米）	0.525
	机械冷藏车	元/吨	20.00	元/（吨·千米）	0.140
零担	21	元/10 千克	0.22	元/（10 千克·千米）	0.001 11
	22	元/10 千克	0.28	元/（10 千克·千米）	0.001 55
集装箱	20 英尺箱	元/箱	500.00	元/（箱·千米）	2.025
	40 英尺箱	元/箱	680.00	元/（箱·千米）	2.754

资料来源：国家发展改革委门户网站，http://www.ndrc.gov.cn/fzgggz/jggl/zcfg/201109/W020150826527749442240.pdf。

5.2.4　我国铁路货物运费计算流程

（1）计算运价里程：根据"货物运价里程表"计算出发站至到站间的运价里程。

（2）对货物归类，确定运价号：根据货物运单上填写的货物名称查找"铁路货物运输品名分类与代码表""铁路货物运输品名检查表"，确定货物的运价号。

（3）确定运价率：整车、零担货物按其所属运价号在"铁路货物运价率表"内查找对应的运价率，集装箱货物根据箱型、冷藏车车种在"铁路货物运价率表"内查找对应的运价率，运价率包含基价 1 和基价 2。

（4）计算运费：根据计算公式和已有的计价里程、运价率、计费重量计算得出相应的货物运输费用。

（5）杂费等其他费用计算：按照《铁路货物运价规则》中的相关规定和具体原则分别计算各项其他费用。

（6）加总求和：将上述全部费用相加得到的总和，即为最终的铁路货物运输服务总费用。

5.2.5　算例（以整车为例）

新兴镇发闵行小汽车一车，使用 JSQ6 型车装运，保价 5 000 元，托运人收货人自装卸，计算发站应核收运杂费。新兴镇至闵行运价里程 1 971 km，电气化里程 1 860 km，基金里程 1 971 km，达成地铁 347 km，合九地铁 8 km。

根据《货物运价规则》及相关文电规定知：JSQ6 计费重量为 100 t；小汽车适用 6 号运价（基价 1 = 26，基价 2 = 0.138）；电气化附加费费率为 0.007，基金费率为 0.033，合九地铁费率为 0.171，达成地铁费率为 0.183。则发站应收运杂费如下：

（1）运费。

$$运费 = (基价\ 1 \times 0.991 + 基价\ 2 \times 计费里程 \times 0.991) \times 计费重量 +$$
$$0.007 \times 计费里程 \times 计费重量$$
$$= (26 \times 0.991 + 0.138 \times 1\ 971 \times 0.991) \times 100 + 0.007 \times 1\ 860 \times 100$$
$$= 30\ 833.60（元）$$

（2）铁路建设基金。

$$铁路建设基金 = 费率 \times 计费里程 \times 计费重量 \times 0.991$$
$$= 0.033 \times 1\,971 \times 100 \times 0.991$$
$$= 6\,445.80（元）$$

（3）合九地方运费。

$$合九地方运费 = 费率 \times 计费里程 \times 计费重量$$
$$= 0.171 \times 8 \times 100$$
$$= 136.80（元）$$

（4）达成地方运费。

$$达成地方运费 = 费率 \times 计费里程 \times 计费重量$$
$$= 0.183 \times 347 \times 100$$
$$= 6\,350.10（元）$$

（5）保价费。

$$保价费 = 费率 \times 保价金额$$
$$= 0.003 \times 5\,000 = 15.00（元）$$

（6）装卸费。

托运人、收货人自装卸，装卸费为 0 元。

（7）印花税。

$$印花税 = 费率 \times (运费 + 合九地方运费 + 达成地方运费)$$
$$= 0.000\,5 \times (30\,833.60 + 136.80 + 6\,350.10)$$
$$= 18.70（元）$$

合计：43 800.00 元。

5.3　我国铁路运输定价机制管理体系

铁路运输定价机制至少应包含铁路运价形成机制、铁路运价约束机制及铁路运价调控机制。

运价形成机制指依据一定价格形成原理，通过价值规律作用而形成的价格决策制度；运价约束机制实质上指市场竞争机制与企业约束机制，包括建立健全运价监督机制、相关程序与法律法规等的规范运价的行为；运价调控机制指国家对运价形成、运行过程进行干预和宏观调控，以服从国民经济宏观发展的行为。铁路运价形成机制是铁路运输定价机制的核心，它包含运价形成主体和运价形成方式[46]。

5.3.1 我国铁路运价形成机制

我国铁路根据设计规划、投资建设和经营管理等的不同大体划分为国家铁路、地方铁路、合资铁路、专用铁路专用线。

国家铁路的基本运价由国务院铁路主管部门拟定，报国务院审核批准后方可实施，其决定权属于国务院[①]。中国的铁路运价是国家计划运输价格，它的形成以运输价值为基础，在运输成本基础上加利润和税金。运输杂费的具体收费项目与收费标准由国务院铁路主管部门确定，特定运价由国务院铁路主管部门以及价格主管部门共同确定[4]。铁路运价按运输地区、运送方式、车辆类型、座卧席别、货物种类、运输速度、运输距离、运输条件等不同情况制定并实行差别定价。

地方铁路基本运价及运输杂费由各省、直辖市、自治区政府主管部门自行规定，报省级政府批准。

对于专用铁路，若其兼办公共旅客运输与货物运输，则其旅客票价率、货物运价率和旅客、货物运输杂费的收费项目和收费标准以及铁路专用线共用的收费标准，皆由省级人民政府物价主管部门确定。

另外，对军事运输、水陆联运、国际铁路联运过境运输的铁路运价，另有规定；装卸费按各铁路局和各省、直辖市、自治区物价局制定的费率执行；我国铁路的旅客票价，货物、包裹、行李的运价，以及客货运输杂费收费项目及标准必须公告，未公告的不得实施。

我国国家铁路运价制定的程序通常为：铁路部门提出运价调整意见，交由国家发改委审核，经由国务院审批通过后，铁路部门及国家发改委共同制定具体的运价调整方案并组织实施[36]（见图 5-1）。

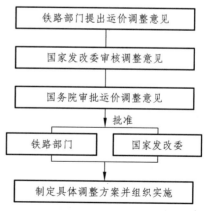

图 5-1 国家铁路运价制定程序[76]

---

① 具体参阅《铁路客运运价规则》（铁运〔1997〕102 号）第一章第三条。

5.3.2 我国铁路运价约束机制

运价约束机制实质上是市场竞争机制与企业约束机制，包括建立健全运价监督机制、相关程序与法律法规等的规范运价的行为。我国铁路运价约束集中表现为国家直接或通过授权形式对铁路运输价格制定进行管理的过程。铁路运价管理包含基本运价、运输杂费，其中国家铁路运价管理还包含特定运价的管理。

基本运价指旅客票价率、货物及行李包裹的基础运价率，占据运输收入的较大部分，是对整个运输市场存在较大影响且与社会经济生活密切关联的部分运价；运输杂费指除基本运价外如手续费、装卸费等其他收费；特定运价包含特殊运营线的运价率、特定货物的运价率以及临管线的运价率等。

我国铁路运价管理权限归属如表 5-7 所示。

表 5-7　我国铁路运价管理权限归属

铁路类型	价格项目	管理部门
国家铁路	旅客票价率，货物、行包运价率	国家铁路局，国家发展和改革委员会（后文简称国家发改委）
	客货运输杂费收费项目及收费标准	国家铁路局
	特定运营线运价率，特定货物运价率，临时运营线运价率	国家铁路局、国家发改委
地方铁路	旅客票价率，货物、行包运价率	省、自治区、直辖市人民政府价格主管部门
	客货运输杂费收费项目及收费标准	
专用线	旅客票价率，货物、行包运价率	省、自治区、直辖市人民政府价格主管部门
	客货运输杂费收费项目及收费标准	
	共用收费标准	
中央、地方合资铁路	运输价格	国家发改委
独立企业铁路	运输价格	国家铁路局，国家发改委
厂矿自营铁路	运输价格	地方政府价格主管部门，国家发改委

资料来源：齐凤，《铁路运输经济法规》，北京交通大学出版社 2014 年版。

5.3.3　我国铁路运价调控机制

运价调控机制指国家对运价形成、运行过程进行干预和宏观调控，以服从国民经济宏观发展的行为。现阶段，我国铁路运输系统正处于网运一体、高度集中的运输调度指挥模式下，铁路运价始终受国家的宏观调控。铁路运价调控的主要目的在于：① 保证铁路有关部门保持收支平衡的一个重要手段。在过去的几十年里有许多铁路路段的价格基本没有变化，这是不符合市场规律的。② 铁路价格调整是为了顺应市场发展规律的需要，保证市场公平竞争，维持市场秩序。

我国铁路运价调控机制作用的发挥主要是通过国家上级有关部门下发调价通知的形式，然后由铁路企业逐级组织落实运价调整工作。

5.4　我国铁路运输定价机制管理体系存在的问题

在铁路网运一体、高度集中的经营管理模式下，铁路运输企业一方面因为垄断经营，在运输市场中占有较为特殊的地位；另一方面又承担了大量政策性、公益性运输任务，政府与市场责任划分不清。由此对铁路运价制定的影响也很明显，在通货膨胀严重、价格上涨时，为了稳定价格水平，维护社会稳定，铁路运输不能提价；在通货紧缩时期，为降低成本，减少企业负担，促进生产企业发展，铁路运价也不能调整。现阶段，我国铁路运价机制管理体系已经出现了一系列问题，主要体现在：① 运价制定机制不能体现市场供需；② 运价调控机制不能体现市场竞争状况；③ 运价管理机制不能有效激励经营主体。

1. 运价制定机制不能体现市场供需

在采用严格管制的定价机制下，铁路运输价格受到政府指导价格的小范围浮动限度约束，甚至受到政府定价的完全控制。其定价往往是依据经营成本、铁路运输公益性等来制定的，并没有考虑运输市场中的运输需求、运输供给以及供需关系的影响。这种机制削弱了运输价格对市场供需和资源分配进行调节的作用。

当市场需求量过旺时，需要铁路运输企业提高铁路价格来降低铁路运输需求，此时铁路运输企业会受限于政府限定的上浮比例无法更大限度地提高运价；或者是受到价格变动的执行延迟期影响，基层进行价格调整需要逐级汇报、层层递进，过程烦琐，耗时较长，实施不易。

当市场需求不足时，适当降低铁路运输价格，可以有效提高旅客列车的上座率和货物列车的满载率，但同样受制于政府限定的价格以及铁路经营的成本，削弱了运输价格对市场供需的调节作用。当前，我国铁路运价已取消政府定价的定价机制，但大部分运价仍受到政府指导价下的规定允许的小范围内运价上浮的限制。

在采用严格管制的定价机制下，运输定价一方面忽略了地区经济发展水平的差异，使经济不发达地区铁路运输需求降低而经济发达地区需求过旺，促使不同地区间物资流通和经济交流更加受限；另一方面如果运输定价过于区分价格结构，将运输收入事先分配好去向，无法在后期进行灵活的生产力调配和资源利用的优化。如铁路货运价格中建设基金的分割，造成运输企业无法灵活利用该部分运输收入，以致出现企业收益不高而货主也不能接受更高水平运价的局面。这种分配方式使企业资金投资效益不高而无法吸引社会资本的参与，不能充分发挥价格对企业内部和市场进行资源优化与配置的作用。

2．运价调控机制不能体现市场竞争状况

如前文所说，在采用严格管制的定价机制下，定价往往是依据经营成本、铁路运输公益性等来制定的。在不同地区、不同时期，货物运输市场的竞争状况是不同的。即便是在同一地区同一时期下，不同的细分市场中竞争情况也大不相同。无差异的运价调控，使铁路运输企业在差异化的运输市场中无法根据供需及竞争变化对运价进行灵活

调整以适应市场环境，从而处于被动状态，不利于铁路运输企业的经营发展。

3．运价管理机制不能有效激励经营主体

在供需关系紧张、竞争激烈的市场中，采用严格管制的定价机制为铁路运输企业带来了一定程度的经营负效应。在充分竞争的市场中，运价越合理，对经营主体的激励作用越强。当制定的价格随市场调节的能力较弱时，企业处于被动状态，则削弱了对企业的激励效果。

5.5　一种可行的铁路运价改革思路

5.5.1　基本思路

在铁路运输领域，铁路路网设施设备管理与铁路运输经营分别承担着不同的角色。前者代表形成铁路运输网络的基础设施的所有权，后者代表这种基础设施的经营使用权，也即"网"与"运"。笔者认为，在深化我国铁路运输国有企业改革的过程中，"路网宜统、运营宜分、统分结合、网运分离"是我国铁路网运关系调整的趋势。铁路"网"和"运"具有不同的技术经济特点，这是铁路运输按照"网"和"运"分类定价的技术依据。

2015 年 8 月 24 日，中共中央、国务院印发的《关于深化国有企业改革的指导意见》明确指出：划分国有企业不同类型，根据国有资本的战略定位和发展目标，结合不同国有企业在经济社会发展中的作用、现状和发展需要，将国有企业分为商业类和公益类。通过界定功能、划分类别，实行分类改革、分类发展、分类监管、分类定责、分类考核。铁路"网"和"运"的战略定位和发展目标不同，这是铁路运输按照"网"和"运"分类定价的政策依据。

另外，借鉴第 3 章国外铁路运价体系改革实践经验，铁路运价制定应顺应市场化导向趋势，建立多层次票价体系；区分运输的营利性

和公益性的性质，分类定价；放松运价管制。其中，德国铁路在实现网运分离后，对路网和运营进行了分类定价，即运营基于竞争定价、路网基于成本定价。国外按照铁路"网"和"运"分类定价实践，可供我国铁路运输按照"网"和"运"分类定价参考借鉴。

综合以上3个方面的考虑，在我国铁路网运关系调整背景下，深入贯彻《关于深化国有企业改革的指导意见》中分类改革的思路，吸收国外铁路运价体制机制的经验启示，充分考虑我国铁路运输定价机制管理体系存在的问题，笔者提出如下运价改革思路：

（1）在充分考虑国民经济发展水平和供求关系的基础上，由国家确定铁路企业的合理收益、税金及运输基准价等主要内容[76]。

（2）针对公益性构成部分，由铁路主管部门根据不同地区的发展水平、不同时期、不同线路、不同等级列车等，建议采用基于成本导向的定价方法。

（3）针对商业性构成部分，具体的铁路运输企业根据不同时期、不同线路细分市场的供需关系和不同车次的服务标准等，在符合国家宏观调控的相关规定范围内，逐步开放定价权限，建议采用基于竞争导向的定价方法。

5.5.2 路网产品定价思路——以成本导向定价为主

"网运关系"调整后的路网公司具备垄断性和公益性，其经营管理和价格的制定必须受到国家政府的合理管控。路网公司提供的运输产品为铁路列车运行线，其购买对象应为铁路运营企业。在综合考虑各方面的因素后，笔者建议：在"网运关系"调整后，路网公司定价可采用基于成本导向的列车运行线价格，即：

$$运行线价格 = 运行线成本 \times (1 + 利润加成率)$$

具体是指：路网公司在对运行线进行定价时应充分考虑运行线成本，同时由于铁路作为我国综合交通运输体系中极为重要的一种运输方式，承担着大量公益性运输任务，其合理的收益应由政府通过设置利润加成率的下限加以控制。政府设置利润加成率下限，路网公司在向运营公司出售列车运行线时不得低于该利润率水平所对应的价格下限，其目的是为了保证路网公司不亏损，使盈利水平始终能维持其发展。考虑到路网公司作为在市场经济环境下运作的运输企业，其拥有合法获得合理利润的权利。在面向货主或旅客一端的铁路运输价格受到市场作用和适当政府管控的条件下，针对路网公司不设置利润加成率的上限，允许其与运行线购买者（运营公司）或多方运行线购买者进行博弈、协商，进而获得更多利润，为铁路路网设施设备更新等提供条件，促进路网公司不断优化产品质量，以保证路网公司在市场竞争中的灵活性。

路网公司作为国家铁路基础设施的建设维护者、国家铁路基础服务的提供者，以及与各产业融合发展的主导者，其铁路运输定价应遵循国家合理掌控、满足战略性要求，以实现最大化社会福利为原则。因此，当铁路路网公司向铁路运营公司出售铁路线路使用权限时，对铁路运输价格实行基于成本导向定价的方式是可行的。基于此，本书第 6 章将对基于成本导向的定价方法进行详细探讨。

路网作为我国一项关乎民生大计的基础设施，长期以来被称为国民经济的大动脉。完全市场化定价不能保证我国众多公益性运输项目和运输产品计划的落实，而路网采用成本导向定价的政府指导价既能体现国家行政定价强制性的一面，又能体现经营者定价相对灵活的一面。因而不仅能体现我国路网垄断性的优势，又能适当引入竞争机制。此举有利于发挥价格杠杆作用，引导客货分流，缓解运能压力，调节消费需求，完全符合市场经济客观形势的需要，是价格改革进一步深化，适应市场竞争机制的合理之举。

在实施"网运分离"的网运关系调整后，路网公司运行线产品出售的方式有以下几种情况和方法：

1. 当只有一家运营公司购买运行线使用权时

（1）议价法。

议价法是根据涉及资产利益的有关各方，按照互惠互利原则，参考目前市场价格，协商确定财产物资的实存金额的方法。当只有一家运营公司意图购买某一运行线使用权时，该运行线的售价方式可考虑采用议价法，作为路网公司一方：议定价格应充分考虑列车运行线成本，并在政府指导制定的利润加成率下限范围之上，灵活掌握议价技巧，根据市场需求，合理定价。

（2）一口价。

一口价是卖家愿意直接成交而不需要进行竞价的价格。路网公司可以根据各条列车运行线成本的具体情况，充分考虑市场供需，并结合政府指导限定的利润加成率下限，合理制定列车运行线价格，并以一口价的形式对外公布，以达到快速成交的目的。

但是由于"一口价"公布了列车运行线的价格，可能使路网公司丧失议价的权益，同时还可能引起与其他运输方式之间的恶性价格竞争，应谨慎采用。

2．当有多家运营公司想要购买统一运行线使用权时

（1）抽签定标法。

当多家运营公司同时竞争一条列车运行线的使用权时，可以考虑抽签定标法。抽签定标法是指多家运营公司通过抽签的方式，获得某一列车运行线的使用权，其定价方式可参考前一部分。但是由于抽签定标法具有一定的不透明性，暗箱操作的可能性加大，以致破坏市场公平竞争，故而不建议采用。

（2）票决定标法。

票决定标法包括直接票决和逐轮票决等方式。票决时，可以采取票决晋级入围，也可以采取票决淘汰入围。

① 直接票决定标：路网公司定标委员会成员根据定标因素对各运营公司进行评审比较后，进行一次性票决排名。票决宜采取投票计分法，即各定标委员会成员对所有进入定标程序的运营公司择优排序进行打分，最优的 N 分，其次 $N-1$ 分，依此类推（N 一般不超过5，排名 N 以后的得0分），按总分高低排序推荐中标的企业。

得票数（总分）相同且影响中标企业确定的，可由定标委员会对得票数（总分）相同的单位进行再次票决确定排名，具体细则应在招标文件中明确。

② 逐轮票决定标：路网公司定标委员会成员根据定标因素对各运

营公司进行评审比较后，采取多轮投票的形式，逐轮推荐一定数量的定标企业进入下一轮票决，直至确定中标企业。

逐轮票决可以采用逐轮择优推荐，也可以采用逐轮淘汰后推荐。票决排名可以采取投票计分法（参考"直接票决定标"相关表述，N 取值应与逐轮推荐数量相同），具体应在招标文件中明确。

逐轮票决过程中，单轮出现得票数（总分）相同且影响推荐的，得票数（总分）相同的单位均可以进入下一轮票决，也可以由定标委员会对得票数（总分）相同的单位进行再次票决确定进入下一轮的企业，具体应在招标文件中明确。

该方法的主要优点：择优功能突出，具备一定的竞价功能（视路网公司的定标规则而定）。其缺点：路网公司主要负责人的廉政压力和定标委员的廉政风险较大。

（3）价格竞争定标法。

价格竞争定标法是指按照招标文件规定的价格竞争方法确定中标人。路网公司可以列车运行线成本价作为最低投标价，把列车运行线成本 + 利润加成率（上限）作为最高投标价，组织运营公司进行竞价投标。此方法可使路网公司在多家运营公司的竞争中，获得竞价利益。但是此方法也存在不能综合考量中标企业的缺点，建议可以与票决法配合使用。

（4）集体议事法。

集体议事法是由路网公司的法定代表人或者主要负责人担任定标委员会组长，组建定标委员会进行集体商议，定标委员会成员各自发表意见，最终由定标委员会组长确定中标候选人及排序。集体议事法应当在招标文件中明确议事规则。该方法的主要优点：路网公司有较大的主动权，既可以择优，又可以竞价，还可以将择优与竞价有机结合。其缺点也较为明显，主要表现：路网公司法定代表人或者主要负责人个人廉政压力与廉政风险较大。

综上所述，当只有一家运营公司购买某一列车运行线的使用权时，其列车运行线定价方法采用议价法和一口价均可；当多家运营企业同时竞争一条列车运行线使用权时，应权衡利弊，建议采用价格竞争法、票决法或集体议事法。

5.5.3　运营产品定价思路——以竞争导向定价为主

由于中国铁路运营资产规模巨大，运营资源整合需要耗费大量的人力和时间，且"网运分离"后，具备商业性的运营企业，其业务纷繁复杂，即主要包含大量的商业性业务，同时也包含一部分公益性运输任务，一时难以厘清，其运价改革应是一个循序渐进的过程。在综合考虑各方因素后，笔者建议对运营公司提供的客货运输产品的定价机制可以分几个不同阶段进行讨论。

1．"网运关系"调整前期：政府指导 + 企业执行价

在"网运分离"的早期，由于铁路长期的网运一体化运输经营模式，其业务纵横交错，短时间内难以厘清，因此建议采用基于竞争导向的政府指导 + 企业执行价。即运营公司在制定运输价格时应充分考虑铁路运输成本，并调研比对其他运输方式的价格；同时，参考我国民航实行票价上限管理，不规定下限的运价管理方式，由政府制定铁路运输价格的上限（此上限应在保证运营公司盈利的同时，不至于损害旅客和货主的利益），运营企业执行的价格可在不超过政府制定的运价上限范围内浮动。

2．"网运关系"调整完成：以企业自主定价为主

"网运关系"调整后的运营公司是市场竞争的直接参与者，承担着为运输消费者（旅客和货主）提供优质服务、设计并提供符合市场需求的运输服务产品、促进铁路运输行业快速良好发展和各运输行业公平有序竞争的职责。铁路运输定价应遵循以市场为主体，充分发挥市场在资源配置中的决定作用，促进企业良好参与市场竞争、实现合理经营利润，以满足行业长久发展、国家适当调控的原则。

在"网运关系"调整到位后，运营资源整合基本完成，运营企业应按照公益性运输任务和商业性运输业务对企业运输产品进行区分。

（1）对于具有公益性特点的运输任务，为保障运输服务的社会福利性质，该部分定价过程中应有政府参与。可采取"政府补贴、运营竞价"的定价机制，即由政府制定公益性运输任务的补贴上限（该上限保证运

营企业能够获利），由各运营公司根据自身运营组织条件，制定出价格（一般来说，该价格＝成本＋利润，且小于政府的补贴上限），通过竞价方式取得公益性运输任务，其盈利＝政府补贴（最终竞价结果）－运输成本，货主或旅客通过正常程序发货及购买车票、所支付的货款或票价为公益性补贴价（该价格＝最终竞价结果×旅客或货主承担比率，该承担比率应由政府规定，其对应收入直接流入国家财政）。在此过程中，各运营公司间相互竞争、低价中标，可确保政府能以最低限度的财政补贴保障公益性运输项目的顺利完成。旅客或货主作为最终享受运输服务的受益者仅需承担部分费用，间接受到政府补助。考虑到该项改革措施可能造成政府机关工作量的增加，因此笔者建议可以考虑在财政部下（或二级机构）设一个单的、专门负责铁路公益性补贴的清算部门。

（2）对于具有商业性特点的运输业务，可完全根据供求关系进行市场化定价，政府针对这部分运输可完全放开，采用基于竞争导向的运营产品定价的方式，使运营企业充分参与市场竞争。

因此笔者建议，当铁路运营公司出售具体的铁路运输服务时，对铁路运输价格逐步实行基于竞争导向的企业自主定价的方式是可行的。基于此，本书第 7 章将对基于成本导向的定价方法进行详细探讨。

运输企业价格决策成功与否，不仅要考虑运输成本、消费者需求，还要联系竞争对手的决策[34]。随着市场经济的进一步深入，科技不断进步，现代运输业的竞争早已超越了依靠价格竞争的手段。运输业竞争往往把运输时间、服务质量、运价当作竞争的 3 个重要方面。竞争导向定价就是运输企业根据自身在竞争中的定位，选择合理的价格水平以实现利润最大化。铁路运输企业和经营单位可以根据生产经营成本、市场供求和竞争状况、社会承受能力等，自主确定具体运输价格和收费标准[66]。

竞争是促进资源合理配置的有效途径，是约束企业成本的有效方式，铁路也不例外。近年来，我国在铁路运价政策方面做了一些探索。譬如：在运输竞争较为充分的广深铁路，允许准高速客运票价由企业自主定价，普通客运票价在基本票价上下浮动 50%；新型空调客车票价在基本票价基础上可以向上浮动 50%，即优质优价[77]。

这些政策措施都取得了明显的社会效益和经济效益。国家运价政策应当朝着这个方向继续努力。运营企业价格制定总的原则：伴随着运输竞争的发展，大胆地、适时地放松运价管制。也就是说，运输竞争发展到什么程度、扩展到什么范围、深入到什么层次，放松运价管制的政策就跟进到相应的程度、范围和层次，让铁路运价逐步接受市场化调控。通过适时跟进，充分发挥政策对解放和发展社会生产力的促进作用。

5.5.4 新思路下的铁路运输定价机制改革

通过对国外铁路运输定价机制、国内其他运输方式定价机制的研究，以及对我国铁路现行运价体系、运价管理体系的分析，结合国家对国有企业改革的要求，提出了路网基于成本导向定价、运营基于竞争导向定价的运价改革思路。基于这一新的运价改革思路，笔者对我国铁路运输定价机制改革提出如下建议：

1．基于运价形成机制角度

改变单一的以成本导向为主的定价方式，采用引入市场影响因素、考虑市场供需的综合定价方式。对于不同竞争程度（如市场中现有和潜在的竞争者数量）、不同货物或旅客特性、不同地区（如不同经济发展程度的地区）、不同时期（如运输淡旺季）、不同运输服务要求下的运输产品采用不同侧重点和不同形式的定价方式，增强铁路货运价格的灵活性，增强铁路运输企业对市场的适应性，建立发展灵活多样的运价体系和运价形式。针对以上观点，笔者提出如下建议：

（1）为适应供需关系与市场竞争应纳入浮动运价形式，在基准价的基础上由铁路运输企业根据自身经营与运输市场状况自主确定浮动运价水平。

（2）为满足季节差异化的要求应纳入季节运价形式，淡季适当降价、旺季适当提价，以适应市场在不同时间的运输需求变化，缓解供求矛盾，保障企业市场占有率和竞争力。

（3）为保证铁路新建线路的正常经营，可纳入新线新价，铁路新建线路运营成本较高，运输企业经营压力较大，但新建线路往往承担着促进经济建设的重任，运输企业应根据实际运输市场情况制定适应不同目标群体的、不同类型的新路新价。

（4）为吸引运输消费者、刺激运输需求，应纳入折扣运价形式，铁路运输企业根据递远递减原则、货运量或客票数等给予不同比例的优惠多销价格。

（5）为实现区域差别化，应纳入区域运价形式，以此加强铁路运价与区域经济发展之间的联系，适应地方市场需求，增强地区运输企业竞争力。

（6）还可引入期权定价，帮助运输消费者在规避价格波动风险的同时使企业获得一定的期权收入，实现双赢。

2．基于运价构成体系角度

以铁路货物运输为例，我国现行铁路货物运价的基本构成包括：铁路运输费用、装卸费和附带作业费。我国早已步入市场经济体制，随着市场经济的发展现有运价构成不能较好地满足市场需求，为了优化铁路运价构成体系，使之进一步贴合铁路企业市场化发展需要，笔者提出如下建议：

（1）归并部分杂费项目，调整运价结构，清理简化铁路货运杂费。铁路运输企业要根据实际情况取消、归并部分杂费项目，如铁路货物运输运价中单独划分的电力附加费、建设基金可并入运价，不再单独收取。

（2）简化运费计费规则，包括杂费与附加费计算方法。结合运输成本，按运输地区、运送方式、车辆类型、座卧席别、货物种类、运输速度、运输距离、运输条件等不同情况制定一口价，或借鉴其他运输方式的计费规则。

（3）应调整铁路现行投融资管理体制，改变资产所有制结构，吸引社会资金（包括外资）、财团建设经营发达地区、有利可图地区的铁路。且现有国有铁路企业可通过减持国有股份、上市融资等方式改变目前全部由国家控股的单一资产结构[78]。

3．基于运价管理体制角度

我国铁路运价的传统管理方式：政府通过对铁路运输企业的管制，达到限制运输价格的目的，体现运价管理中的政府主导行为。而在市场经济充分发展的环境下，这种管理模式应由政府主导转变为市场主导，铁路运输企业运价制定应主要受运输市场中供需和竞争关系的影响：企业自主调整运价适应市场、市场供需变化影响运价调节，国家政府部门根据市场信息的反馈，仅采取宏观的调控手段而不占有定价权职。

（1）确立铁路运输企业的定价主体地位。

确立铁路运输企业的定价主体地位，实现定价主体的步骤转移：铁路运输企业是市场经营的主体，充分享有对其产品的定价权。

第一步，扩大运输企业的定价权限，国家控制运价的总水平，具体运价由铁路运输企业结合经营情况在限定范围内自行调整。

第二步，大部分定价权向铁路运输企业转移，国家主管部门按授权有区别性地控制不同运输市场：针对部分具有重要战略意义或不够成熟的运输市场，国家可通过相应手段对运价进行控制，保持市场稳定性；针对大部分成熟市场铁路运输企业应放开定价权，实现自主定价。

第三步，实现"网运关系"调整，商业性与公益性企业分类实行不同的定价机制，全面放开铁路客、货运企业运价，国家及政府主管部门对运价进行监督和宏观调控,同时修改《中华人民共和国铁路法》，使其与《中华人民共和国价格法》《中华人民共和国合同法》《中华人民共和国企业法》相衔接，以法律形式确保运营企业定价主体地位。

在此期间，还可建立铁路运价综合评价调整机制，在一定的运价管理体制基本框架内，设计一套完整的、系统的铁路运价评价体系，并取得国家价格管理部门的认可。以指标参照系和相应的关系模型为依据，定期对铁路运价水平及其运行进行综合评价，并根据评价结果确定调价水平，定期上报国家及相关部门备案。

（2）明确铁路运输政企管理的职权划分。

我国现有政府职权与铁路企业职能的划分仍较为模糊，同时经历了长期的政企合一管理后，社会公众已经接受铁路运输企业的公共物品属性，并且也存在认为铁路部门具有垄断经营嫌疑的情况。明确铁路运输政企管理的职权划分不仅有助于扩大铁路企业的运输定价主体权利，还有助于铁路运输企业建立现代企业制度，充分参与其他运输方式的市场竞争，对全面深化铁路运输定价机制改革具有重要影响。

因此笔者建议：由国务院价格主管部门控制运价总水平，协调铁路运输与其他运输方式的比价关系，制定铁路运价方针、政策等；而铁路企业则应在保证运价总水平和不违背宏观调控政策的前提下自主制定运价。

（3）建立健全运价约束机制。

建立健全运价约束机制，加强运价监管，不仅能使铁路运输定价机制改革的各项措施得以有效推行，同时也是巩固改革成果的必然选择。例如：在运价监管方面，美国地面运输委员会以控制最高运价不得超过规定范围为主要手段；日本对运价的上限价格实行运输大臣认可制，满足运价构成合理、不针对特定旅客或货主给予歧视或优惠、不使运输需求者负担困难、不与其他企业构成恶性竞争即可获得认可等。参考世界各国相关的运价监督管理机制，学习借鉴适合我国铁路经营管理机制下的有效价格约束机制，笔者认为需做到以下两点：

第一，政府应明确定价开放的范围以及对定价的控制力度。

① 对于铁路公益性运输，可采取政府补贴下的企业竞争浮动定价机制。对于公益性运输需求，铁路运输供给所带来的效益是长远而深入的，需要在适当控制企业定价的基础上做到全面保障。同时，由于提供公益性铁路运输服务的运输企业盈利较低甚至会导致亏损，可通过国家公益性补偿来维持市场稳定。

② 对于铁路商业性运输，逐渐过渡到采取完全由市场决定的市场调节定价机制。对于商业性运输需求，目前货运市场中铁路运输与公路、水路运输存在充分的市场竞争，客运市场中则与航空运输存在较强市场竞争，放开国家管控，完全实行由市场决定的定价机制，将会为铁路运输增加市场份额、提高企业竞争力提供良好的基础。同时，优化铁路定价方式方法、加强市场监管和完善价格申诉制度，也会对商业范围内的铁路运输定价形成良好约束。

第二，完善价格监审制度，包括对准许成本的监审和合理收益的监审。

① 对企业运价实施有效监管，强化成本约束，提高企业供给质量和效率，最大限度地使监审过程透明化。对铁路运输市场中竞争不太激烈、用户需求比较单一的部分，允许铁路企业在与运输消费者相互

博弈后，采取双方都认可的定价，政府作为第三方进行监督。

② 制定出合理的、有针对性的运价申诉制度，确立运输消费者的具体申诉途径、申诉流程、处理原则、处理时间等。

③ 扩大行业主管部门和企业设立的相关业务部门的价格监督检查权限，建立公开透明的社会监督系统。合理界定运价管理权限、报批程序，逐步实现铁路运价制定和调整的公式化、程序化、标准化、公开化。

（4）完善成本核算与企业清算制度。

允许铁路建立以市场竞争为导向的定价机制，需要以对铁路客货物运输成本的清晰认识为基础。参考国内外各种运输方式的成本核算方法，引用国内外专家、学者的相关研究成果，确定并完善较为准确的成本核算方法和流程，具体包括：理清铁路货物运输成本的内容，即可纳入定价考虑范围的成本项目；确定各成本项目的计算方法、所需的指标数据基础；明确数据的调查、收集办法以及涉及的时间、地区的跨度等。对真实成本更加接近的成本核算，也能为国家、政府的价格监审工作提供帮助。

清算机制有引导各合作利益主体经营行为的作用，完善铁路运输内外部清算机制，对运价改革有至关重要的作用。铁路清算制度中，集散环节清算时应以市场服务为主，成本支出为辅；运输环节清算时应以成本支出为主，内部服务为辅。铁路运输通过货物或旅客在铁路网络上的转移实现其价值，运输路网的价值在于节点（车站）的服务性以及线形（区间线路）的通达性。

其中，① 对于节点清算，侧重诸如货物运输装卸仓储、旅客候车中转等运输服务成本支出，突出其增值性的服务贡献。② 线形上的运输环节由于大部分是成本性的消耗，其清算突出不同程度的线路使用、设备能源损耗：运输环节清算需要充分准确地对实际走行距离、线路磨损、能源耗费、固资折旧、人员工资、一般管理等成本进行统计，并考虑列车等级、线路等级、线路繁忙度、运行时间等因素。③ 多式联运清算的要点应当以成本付出为基础、服务贡献为依据进行清算。

5.6　本章小结

　　本章阐述了铁路旅客和货物运输的定价现状,从票价要素和票价计算方法两个方面对普速铁路和高速铁路的旅客运输运价进行分类阐述;明确了铁路货物运价分类,对其运费分类、运费构成、运费计算因素和计算流程 4 个方面进行了阐述;简要总结了我国铁路运输运价管理体制现状,尤其是当前国家铁路、地方铁路、其他铁路运价制定和管理权的归属,以及国家铁路运价制定的程序;同时,结合铁路客货运输定价机制管理体系的现状,充分分析了当下铁路运输定价机制管理体系存在的问题。

　　另外,结合第 2 章运输定价理论、第 3 章国外铁路运价体系的实践与启示、第 4 章我国其他运输方式定价机制的实践与启示,提出了一种适应我国铁路改革发展的、可行的铁路运价改革思路,即在坚持"路网宜统、运营宜分、统分结合、网运分离"的网运关系调整背景下,牢牢把握《关于深化国有企业改革的指导意见》提出的将国有企业分为商业类和公益类的分类改革思想,把我国铁路运输定价机制按照"网"和"运"两个方面的铁路相关企业,结合其各自的类型、战略定位与发展目标、社会经济发展中承担的作用进行分类探讨,提出了"铁路公益性部分采用成本导向定价,铁路商业性部分采用竞争导向定价"的铁路运输定价机制改革思路。

第6章 基于成本导向的定价方法
——以路网为例

"网运关系"调整后的路网公司作为具备社会公益性（或以公益性为主）的企业，其铁路运输定价应遵循国家合理掌控、满足战略性要求，以实现最大化社会福利为原则。笔者认为，当铁路路网公司向铁路运营公司出售铁路线路的使用权限时，铁路运输价格可实行政府指导利润率下限之上的、基于成本导向的定价方法。其定价的对象为"列车运行线"，定价的关键在于确定列车运行线成本及路网公司的利润加成率。

基于成本导向的铁路运输定价，是路网公司或者路网部门采用的定价方法，其主要思路是将成本加上预期利润作为运输产品的价格。其基础首先是铁路运输产品（列车运行线）成本的计算，其次是利润加成率的确定。一般来说，利润加成率的大小与产品的需求弹性和企业预期盈利有关。立足我国铁路路情，路网公司提供的列车运行线产品的利润加成率一般应满足两个基本条件：① 使路网公司不至于亏损，保证路网公司的长期稳定发展；② 使路网公司不得利用其垄断地位，获取超额垄断利润，保证市场公平竞争。

在当前我国部分铁路运输市场尤其大部分铁路运输市场不够成熟的情况下，采用基于成本导向的定价方法制定铁路运输政府指导价有利于发挥价格杠杆作用，引导客货分流，缓解运能压力，调节消费需求。

6.1 铁路运输成本

6.1.1 铁路运输成本的定义及作用

铁路运输成本是铁路运输企业生产经营过程中活劳动和物化劳动耗费的货币表现，是反映企业生产经营活动的综合指标[79]。铁路运输成本是一个重要的综合性质量指标，它能比较全面地反映铁路运输企业生产、技术和经营管理水平。无论是运量的增减、劳动生产率的高低、技术设备的改善及其利用程度的好坏，还是材料、燃料、电力的消耗等，最终都会从运输成本上反映出来。

在铁路运输的经济管理工作中，成本具有以下几方面的作用：

（1）成本作为反映运输生产耗费及其补偿的尺度，对保证运输生产的资金需要，保证简单再生产的顺利进行具有重要作用。由于运输成本体现着运输生产中资金耗费的多少，在实行经济核算制的企业，必须通过运输收入来补偿运输生产耗费的资金。只有在至少能弥补运输成本费用的情况下，才能保证简单再生产得以正常进行，而且还要取得一定盈利，为扩大再生产创造条件[80]。因此，以运输成本作为运输耗费的补偿尺度具有重要意义。

（2）成本是企业经营管理规划和经济活动分析的重要依据。成本对改善经营工作的效果，评价投资效益，论证采用新技术的效果，进行运量的合理分配，改善生产力布局等，都是一个重要因素[82]。

（3）成本是制定和调整运价的主要依据。成本是价格形成的基础，运价的变动要运用成本模型。此外，为了适应社会主义市场经济发展要求和市场竞争，铁路逐步开展协议运输，铁路运价定在什么水平，不仅让消费者能够接受，而且让企业也能有收益，这都需要根据成本来确定。

（4）配合铁路运输企业的收入清算，需要运用成本，为企业间的过轨清算、联营联运等的清算补偿提供依据。

6.1.2 铁路运输成本的分类及构成

铁路运输成本的种类划分具备多项标准，具体可按照以下 6 种标准分类：① 根据成本费用的经济要素分类；② 根据成本发生的生产部门分类；③ 根据支出成本与运量的关系分类；④ 根据成本发生的运输作业过程及成本与运输距离的关系分类；⑤ 根据支出计入运输产品成本的方式分类；⑥ 根据运输企业财务制度分类。不同的分类方式，其构成要素不同。

1．按成本的经济要素划分

按照费用的经济要素划分，成本可分为工资、材料、动力、折旧、税金和其他共 6 类[80]。铁道部颁布的《铁路运输企业成本费用管理核算规程》对铁路运输企业成本做了详细的阐述。

成本费用应当包含以下要素：

（1）工资：由成本负担的各类参与运输生产的人员的基础工资、附加工资、各类奖金补贴和其他工资等，以及规定工资收入与实际工资支出的差值。

（2）材料：运输生产过程中消耗的材料、配件、油脂（含清洗用油脂）、工具、劳保用具等有实物形态的物资。

（3）燃料：使用运输设备、设备维护和生产中发生的燃料耗费等。

（4）电力：铁路运输设备运用、维修、动力、照明及其他用电。

（5）折旧：按规定计提的运输生产经营中的主要设施、设备、工具等的折旧费用。

（6）其他：按照国家有关规定可以在成本中列支的、不属于以上各要素的其他费用。

这种划分方法便于从经济性质角度了解各要素成本所占的比重，分析成本构成。

2．按支出发生的生产部门划分

根据支出发生的生产部门划分，成本可分为运输、机车、工务、电务、车辆、房建等部门支出[81]。

这种划分方法便于掌握各部门支出情况，落实成本管理责任制。

3．按支出与运量的关系划分

根据与运量的关系，成本可分为固定成本、变动成本与半变动成本。

固定成本指总额不随运营工作量水平变动而发生变化的成本，如车站房舍的折旧费用、管理人员工资费用等。固定成本具备 3 个特点：① 固定成本与运营工作量之间不具有因果关系，即固定成本始终存在而不因运量大小变化而改变；② 在相关范围内，固定成本不会根据运营工作量发生总额上的变化；③ 随着运量的增加，单位固定成本分摊会逐渐减少。固定成本的特点如图 6-1 所示，实际上从长远来看，成本在较长时间范围内都会随运量变化而产生不同程度的变化；同时，由于设施设备更新及组织管理优化，企业生产与经营能力发生变化，自然使某些"固定成本"不会长期保持在固定水平。因此，调查研究的时间范围不同，固定成本与变动成本的比例必然有所不同。

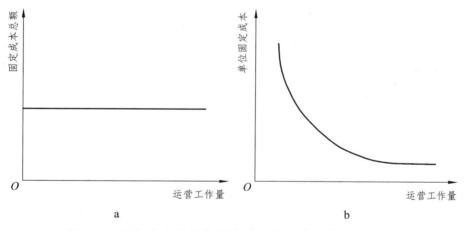

图 6-1　固定成本及单位固定成本与运营工作量的关系

变动成本指成本总量会因运营工作量增减而发生正比例变动的成本，如机车动力消耗支出等。变动成本具备 3 个特点：① 变动成本与运营工作量存在因果关系，有运营工作量就必然产生变动成本；② 变动成本与运营工作量之间的变化关系呈正比；③ 单位变动成本不因运营工作量变化而发生改变。变动成本的特点如图 6-2 所示。变动成本还可根据时间跨度分为短期变动成本与长期变动成本。短期变动成本指一年内随工作量变化而变化的变动成本，如机车动力消耗支出；长期变动成本指超过一年后才会随工作量变化而变化的变动成本，如大修理费用。

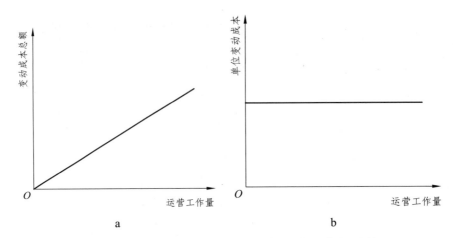

图 6-2　变动成本及单位固定成本与运营工作量的关系

　　半变动成本指成本总量会随运营量水平变动而发生变化，但变化并不严格遵循正比例变动的成本。半变动成本实际上是包含固定成本与变动成本的混合成本，也是组成铁路运输成本的较大一部分，如线路养护费用、相关设备与机车车辆维修费等。半变动成本与运营工作量的变动关系较为复杂，一般分为阶梯式与抛物线式变化。

　　对于总成本和单位成本与运营工作量间的关系，如图 6-3 所示。

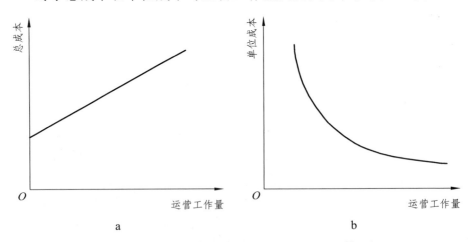

图 6-3　总成本及单位总成本与运营工作量的关系

　　这种划分方式便于掌握成本变化规律，分析运量和其他运输质量指标对运输成本的影响，有助于企业进行有效、深入的成本管理与控制。

4. 按发生成本的运输作业过程及与运输距离的关系划分

按照产生的运输作业过程划分，成本可分为始发到达作业费、中转作业费以及运行作业费[82]。

始发到达作业费指在列车始发站、到达站进行发到作业所发生的成本。始发到达作业费与运输距离不存在关系。

中转作业费指在运输过程中列车停留在中转站进行中转作业所发生的成本费用。中转作业费与运输距离有关，一般运输距离越长列车经过并停留进行中转作业的中转站越多，发生的中转作业费越多，但这种变化关系不满足正比关系而是呈阶段性变化[83]。

运行作业费指列车运行过程中发生的列车运行费用。运行作业费与运输距离有关且呈正比例变化关系。

这种划分方式便于区分计算不同运输距离下的运输成本，为运价的制定提供参考依据。

5. 按支出计入运输产品成本的方式划分

根据计入运输产品成本的方式划分，成本可分为直接成本与间接成本，或称直接列入支出和分配列入支出[84]。

直接成本指计算产品运输成本时可被直接计入的某项成本，是专为完成某项运输生产活动所发生的费用[85]。例如在铁路与集装箱货物运输过程中，集装箱装吊费与货车维修费等可直接计入铁路集装箱班列开行成本中。

间接成本指计算产品运输成本时不可或不便于被直接计入的成本，它往往指完成多种运输产品生产活动时所发生的共同费用。在需要分别计算各运输产品的成本时，应采取一定办法按照运输产品对间接成本进行分配，之后才可计入相关的产品成本。

这种划分方式便于将不同种类的运输成本分别计算。需要注意的是，直接成本与间接成本的划分并不绝对，会随着运输成本计算对象被划分的粗细程度而发生改变；而直接成本与间接成本在总成本中的占比也会因为支出科目设置的不同而发生变化，应当根据具体情况进行分类计算。

6. 按运输企业财务制度划分

根据运输企业财务制度划分（或根据经济用途和性质划分），成本可分为营运成本、管理费用、财务费用。营业内支出即是这 3 类支出的统称。运输总费用包含营业内支出与营业外支出。

营运成本指运输企业营运生产过程中与营运生产有直接关系的发生成本。

管理费用指组织和管理运输生产活动过程中企业管理部门所发生的费用，以及与其他具有管理性质的按规定发生的列支费用。

财务费用指企业为筹集生产经营所需资金而发生的费用，财务成本纳入了资本成本的成分。

营业外支出指与运输生产经营无直接关系的各项支出。

按企业财务制度划分，铁路运输企业主要成本构成如表 6-1 所示。

表 6-1　铁路运输企业主要成本构成

成本类别	项 目
运营成本	运输生产部门人员薪资补贴
	运输生产设施设备折旧
	基础设施大修支出
	设备耗用能源（如燃料、水、电、煤等）
	运输生产人员办公费
	保险保价费用
	关联部门付费支出
	与运输生产直接相关的其他支出
管理费用	管理部门人员薪资补贴
	管理部门人员办公费
	技术转让费、业务招待费、各类经费
	试验费、研究与开发费用
	无形资产摊销、长期待摊费用摊销、损毁和报废净损失
	坏账准备、存货跌价准备
	其他可列入管理费用的支出

续表

成本类别	项　目
财务费用	金融机构的存款利息收入
	借款利息、应收票据贴现利息、发行债券利息
	汇兑损益
	手续费
营业外支出	铁路公安、检察院、法院等营业外单位经费
	自然灾害造成的资产损失、非季节性停工损失
	固定资产盈亏、无形资产、在建工程减值准备
	移交社会职能补贴支出

6.1.3　铁路运行线成本

1．列车运行线

列车运行线是列车运行图的基本单位。在列车运行图中，相邻车站中心线之间的斜线表示列车运行线，不同颜色和符号的运行线表示各种不同的列车，还标明了列车车次、区间名称及距离、机车类型、列车重量、速度、换长、车站股道数、闭塞方式等。列车运行线是一种形象地表现列车运行情况的方式[86]。如图 6-4 所示，其中黑色运行线表示由 A 始发至 C 终到的下行货物列车 20021，蓝色运行线表示由 C 始发至 A 终到的上行旅客特快车 T62。

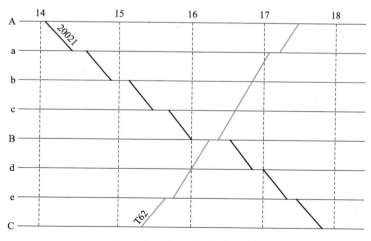

图 6-4　列车运行线示例

由于铁路设备更新、运输组织工作改进、列车速度提高、线路维修施工以及季节性客流波动等原因，每经过一段时间，需要调整或重编运行图。因此，列车运行线都会有一定的调整，旅客列车及货物列车的开行与运行数据也会同时发生改变。

2. 铁路运行线成本的概念

铁路运行线成本指列车根据列车运行图，由始发站到达终点站完成一次运输作业过程中所消耗的、为该次列车运输生产服务所发生的耗费总和。这些耗费不仅包含与运输生产直接相关的成本如列车运行的能源消耗，也包含与运输生产间接相关的成本如运输部门管理支出等；同时还包含有形的物质能源的消耗如线路使用折旧，以及参与该次运输生产过程时无形的劳务消耗如人员工资成本。

铁路运行线成本不是指某条铁路线路上运行、经过的所有列车的运输生产总耗费，更不是指铁路企业总运输成本。其与两者的区别主要在于成本计算的对象不同：铁路运行线成本指某种运输产品甚至某车次列车完成一次完整的运输生产所发生的耗费，其对象是某项具体的运输产品或某车次列车；铁路线路上的运输成本指在某条铁路线路上开行的全部列车进行运输生产所发生的总耗费，其对象是该线路上的多种运输产品或多列列车；铁路运输成本指铁路运输企业完成运输生产过程的年耗总和，囊括了该企业经营的全部运输生产营运成本，对象是企业全部运输生产项目。

由于列车运行线是列车运行图的基本单位，因此也可以认为铁路运行线成本是构成铁路运输企业、铁路全路运输总成本的基础单位。若能实现列车运行线成本的计算，则相应的也可以开展某条铁路运输线路、某个铁路运输企业和全路的运输成本的计算工作。

6.1.4 "网运分离"背景下的线路使用费

"网运分离"模式指把具有自然垄断性的国家铁路网基础设施与具有市场竞争性的铁路客货运输分离开，组建国家铁路路网公司和若干个客运公司、货运公司，实行分类管理。路网公司统一管理国家铁路的线路、桥梁、隧道、信号、供电设备等。客运公司、货运公司按《中华人民共和国公司法》组建，主要承担客货运输任务。路网公司与客运公司、货运公司是市场交易关系。路网公司对客货运公司收取线路使用费，负责路网的维修改造和建设。

铁路企业采用"网运分离"的模式，将对铁路运输成本产生重大影响。在该模式下，运输成本的分类、构成及划分范围将发生很大的改变。例如路网公司的成本将通过"路网使用费"一项体现在客、货运输公司运营成本中。路网使用费是"网运分离"的一个关键问题，它的大小是国家对不同运输方式政策的反映，也影响铁路客、货、网各部分间的经济关系。

在路网领域中，其产品可以认为是授予运营公司下某具体运营产品、列车对路网线路、配套设施和服务的临时使用权，与运营产品一样也是一种无形的商品。路网领域的产品价格则可以认为是一种对因使用路网和配套设施等造成的物质、劳动等全部耗费的补偿。我国铁路运输在进行企业收入清算时早已采用了类似于这种路网使用费用的概念——线路使用费（以下以铁路客运线路为例）。

6.1.4.1　我国客运列车线路使用收费的历史沿革

随着铁路改革的进一步深入，社会资本逐渐参与铁路投资建设，铁路线路的产权由国有全资铁路变为国有全资铁路、合资铁路（国有铁路参股）、地方铁路（均由地方或个人投资）。铁路线路基础设施的经营管理主体呈现多元化。因此，为理顺各企业之间的经济关系，必须建立企业间相互资源占用和提供服务的费用征收制度。我国现行铁路客运列车线路使用费征收办法是执行 2005 年铁道部发布的铁路运输收入清算办法的铁路线路使用费制度，收费主体为铁路线路产权所属企业，付费主体为客运列车开行企业，从而建立了铁路企业间的市场经济关系制度，为铁路系统良性运作提供了制度基础。

6.1.4.2　我国铁路客运列车线路使用费与国外比较

1．收费模式比较

目前，国外铁路如欧洲铁路已实现较高程度的"网运分离"模式，其路网企业为经营管理铁路线路的路网公司，运营企业为从事客、货运输业务的运营公司。国外铁路客运列车线路使用费是由路网公司向运营公司收取，收费定价主要是采取固定加变动收费的两部制模式，即按照固定额度收取接入费、按照实际工作量和收费单价计算变动收费[88]。采用该种模式的有德国、法国、比利时等中西欧国家。

目前，我国铁路企业未实现网运分离，而是实行既经营管理基础设备设施又从事客运、货运业务的混合经营模式。我国铁路客运列车线路使用费是按照客运列车在铁路线路上产生的实际工作量和收费单价计算征收，即客运列车线路使用费 = 工作量 × 收费单价，实行一部制定价。工作量是以"客运列车运行千米"为指标，收费单价计量单位为元/列车运行千米。

2. 定价方法比较

国外铁路客运列车线路使用费定价方法主要采用边际成本定价法和线性定价法。在欧洲铁路定价系统中，采用边际成本定价法（即从成本函数中推导出边际成本），主要有瑞典、芬兰；采用以成本为基础的线性定价法（即首先确定一个收费基准价格，然后将影响定价的各种因素内化到定价模型之中，将各个因素设置对应的指标，并结合业务实际设置指标的取值区间，从而确定基准价格加调整因素的定价方法），主要有奥地利、丹麦、瑞士、比利时和德国[83]。

我国铁路客运列车线路使用费定价采用全成本定价理论，按照不同等级线路支出水平计算单位平均成本，并考虑列车长短编组对线路通过能力和不同等级客运列车对线路成本费用的影响。由此可见，我国收费单价是按照 3 个维度设计，即一维是线路等级，按线路允许通过速度划分；二维是客运列车长短编组，按 8 节和 16 节动车组划分；三维为客运列车等级，按非空调客运列车、空调客运列车、动车组划分。

以德铁路网为例，德铁路网被分成 12 个线路类型，每个线路类型反映了相应部分的路网功能，即它的运输方面的重要性和特性（以可运行的速度为标准）。每个基础线路（叉点之间的线路）考虑以下因素：

（1）在整个路网中，这段线路的重要程度；

（2）运行速度；

（3）列车的重量和时速；

（4）所期望的时刻表的质量。

列车价格等级考虑路轨的损耗程度、地面建筑和对列车时刻表要求的程度（对所期望的运行时间的偏离的容忍度）。列车价格等级的两个特性（损耗程度、列车准点程度）都通过津贴（补贴）等因素考虑进去了。基础价格（有赖于线路类型）因取得线路价格的目的不同而有所不同。对于列车的类别，客运分为17种，货运分为5种。对于损耗的补贴，比较轻的列车是0.9，重的列车是1.1。对于时刻表要求程度的不同补贴，应在0.8和1.2之间。

6.1.4.3 定价方法

为实现线路管理企业和列车开行市场先导、合作共赢、持续发展，同时体现部分铁路线路的公益性，客运列车线路使用收费单价应按照"基数×因素系数"的方式确定，即首先制定客运列车线路使用费基本单价，再根据影响线路使用收费不同因素设置调节系数。

铁路客运列车线路使用收费单价制定要体现多元化、差异化，激励和考核并重，考虑多方利益、寻求较优定价机制，并建立价格调整机制，保证线路使用收费良性运作。铁路线路价格计算因素和流程如图6-5所示。

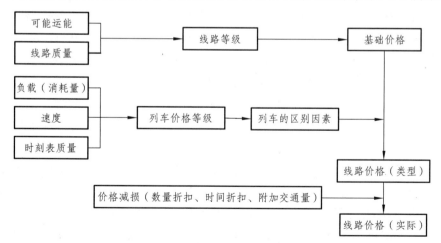

图 6-5 铁路线路价格计算因素及流程

1．基数确定

基数的确定主要依据一段时期线路成本费用和对应客运列车产生的工作量计算平均成本。成本费用数据获取的原则：一是区分高铁和普速铁路，成本费用数据应按 5～8 年进行采集；二是剔除非正常性成本费用，对运营未达到数据采取期间的线路成本费用应予以剔除。计算公式如下：

$$基数 = \frac{\sum_m c}{\sum_n L} \qquad (6\text{-}1)$$

式中　c——企业与客运相关的基础设备设施成本费用。

　　　L——企业管界内产生的客运列车千米。

2．影响因素及其系数确定

（1）线路等级。

根据目前我国铁路线路允许速度，可将铁路线路分为 300 km/h 及以上、200～300 km/h、200 km/h 以下 3 个等级。线路允许速度越高，造价和维护成本越高，相同运量下单位成本高；反之则低。线路等级因素系数可取营业里程最大的 200 km/h 以下线路为基础，确定其系数为 1，其他类型线路按其平均成本与 200 km/h 以下线路的平均成本比较关系确定系数。

（2）列车对数。

列车对数是指线路在一定时期开行的旅客列车列数。按照各铁路线路设计的不同阶段，开行列数量可分为：市场培育期（一般为 0～5 年）、成熟期（一般为 6～10 年）、饱和期（一般为 10 年以上）。列车对数对成本的影响主要体现在基础设备设施的固定成本不随列车对数变化而变化，但单位固定成本因列车对数增加而减小。对市场培育期、成熟期、饱和期的线路计算平均成本，通过比较平均成本之间的差异度确定因素系数。

（3）开行时段。

列车在高峰时段开行，客流量大、客座率高、列车效益好，线路使用费承担能力强；反之，客流量小、客座率低、列车效益差，线路使用费承担能力弱。因此，开行时段的影响主要体现在线列车客座率上。客座率因素系数的确定，首先，计算各等级线路列车平均客座率；其次，在相同等级下各线路实际客座率，并按各线实际客座率离散程度将客座率分为几个档次；最后，以各等级线路列车平均客座率为系数 1，按其他档次客座率对线路使用费承受能力的影响分别确定系数。

3．线路使用收费单价计算

线路使用收费单价计算公式如下：

$$线路使用收费单价 = P_{基数} \times (a \times b \times c \times d) \tag{6-2}$$

式中　　$P_{基数}$——线路使用费单价系数；

　　　　a——线路等级系数；

　　　　b——列车对数系数；

　　　　c——客座率系数；

　　　　d——公益性系数。

6.1.4.4　线路使用费标准

线路使用费收取的指标为列车千米，简化项目。线路使用费收取的依据为"机报—6"的"列车千米"，接受相关服务而支付的费用、管理、地方铁路，增加透明度。

车站旅客服务费收取指标的依据为部定统计报表，具体方法见铁道部发布的《铁路运输进款清算办法》（铁政法〔2001〕130 号附件 1）。我国制定的客运线路使用费单价，如表 6-2 所示。

表 6-2　客运线路使用费单价　　单位：元/（列车·千米）

	高速动车组票价列车		新空调列车票价和特殊票价列车			普通票价列车		
	单组	重联	一般编组	小编组	短途列车	一般编组	小编组	短途列车
一类上浮	74.60	98.60	64.00			45.30		
一类下浮			59.30	47.40	35.60	42.00	33.60	25.20
二类上浮	35.20	49.30	32.00			22.70		
二类下浮			29.60	23.00	17.80	21.00	16.80	12.60
三类上浮	26.10	36.50	23.70	19.00	14.20	16.80	13.40	10.10
三类下浮			19.00			13.40		

资料来源：《铁路运输进款清算办法》（铁政法〔2001〕130 号附件 1）。

6.1.5　运输成本的计算方法

运输成本的计算方法众多,本节主要列举实算方法、定期全路(或企业)范围平均成本计算、支出率法及作业成本法。其中,作业成本法作为一直应用于铁路成本的计算方法,克服了支出率法对运输产品固定成本考虑不足的这一弊端,也是本章即将在"6.2 作业成本法计算铁路运行线成本步骤及算例"中主要采用的成本计算方法。

6.1.5.1　实算方法(旅客运输)

实算方法主要是一种逐项分析的方法,把列车中实际发生的不同成本费用数额逐一进行相加,计算总和,得出的总和也就是列车的开行总成本。成本主要包括直接成本支出和付费支出。计算公式如下:

$$C_{总} = C_{付} + C_{直} \tag{6-3}$$

$$C_{付} = C_{线} + C_{牵} + C_{旅} + C_{水} + C_{售} \tag{6-4}$$

式中　$C_{总}$——旅客列车开行总成本;

　　　$C_{付}$——付费支出成本;

　　　$C_{直}$——直接成本支出,其数值为各项明细费用之和;

　　　$C_{线}$——线路使用费;

　　　$C_{牵}$——机车牵引费;

　　　$C_{旅}$——车站旅客服务费;

　　　$C_{水}$——上水费;

　　　$C_{售}$——外局代售服务费。

运用实算方法对列车中收入的成本进行计算,由于是对不同事项的汇总,进而更好地得出总收入成本,在做法方面比较细致。就一般理论而言,这一方法对控制铁路成本以及制定合理的运价有着重要的意义[45]。

6.1.5.2　定期全路(或企业)范围平均成本计算(货物运输)

对于全路(或企业),目前具有规范性的方法为定期(年度或季度)的全路或企业范围换算周转量平均成本、旅客人千米平均成本、货物吨千米平均成本和相关站段主要工作量平均成本计算[89]。部分具体计算模型如下：

$$换算周转量单位支出 = \frac{全路(企业)全年(季)客货总支出(或营业支出)总额}{全路(企业)全年(季)客货换算周转量总计}$$

（6-5）

$$货物吨千米成本 = \frac{全路(企业)全年(季)货运总支出(或营业支出)总额}{全路(企业)全年(季)货物吨千米总计}$$

（6-6）

$$站段工作量成本 = \frac{某站段全年(季)总支出(或营业支出)总额}{某站段全年(季)工作量完成总计}$$ （6-7）

该计算模型较为简单，仅能体现对象的总体成本，不能体现具体成本项目的单位支出，对于单项成本的计算难以实现。

6.1.5.3 支出率法

1．支出率法的基本概念及计算方法

支出率法起源于德国，我国采用的是 20 世纪 50 年代来源于苏联的支出率法。支出率法指采用各项运营指标和支出率计算分析运输成本的方法[91]。其基本思路如下：

首先，将运输支出划分为与运量有关和无关的两部分，即划分固定成本与变动成本。

其次，计算变动成本的支出率。把具体的各项运输支出项目归属到与其关系最密切的指标中，则有多个支出项目归属于同一指标。将这些支出加总并除以该对应指标的总值即可得该指标下的支出率，之后将实际运输产品下各指标值与其支出率相乘并累加即可得出总变动成本。

最后，通过将运输产品分摊的固定成本与变动成本组合则得到最终的运输产品总成本。通常，运输产品的固定成本通过变动成本乘以一定比率来计算获得。

支出率法的计算公式如下：

$$C = \text{AC} + \text{FC} = (1+\alpha) \times \text{AC} = (1+\alpha) \sum_{i=1}^{n} U_i S_i \qquad (6\text{-}8)$$

式中　C——总成本；

　　　AC——总变动成本；

　　　FC——总固定成本；

　　　α——固定成本与变动成本的比值；

　　　U_i——指标 i 的支出率；

　　　S_i——运营指标 i。

支出率法的核心主要是通过将变动成本和与其相关联的运营指标对应起来，通过求出运营指标对应的支出率求得运输产品的变动成本，最后与固定成本相加获得运输总成本。

以铁路客运成本为例，客运工作方面支出率法采用的指标有客车千米、客车小时、客运列车运行车小时、客运机车千米、客运机车小时、客运机车乘务组小时、客运列车乘务组小时、机车车辆总重吨千米、客运机车燃料电力消耗和调车机车小时[91]。开行一列铁路旅客列车所消耗的指标数的计算如下所示：

$$C = \sum_{i=1}^{10} B_i X_i + G \qquad (6\text{-}9)$$

编组辆数运行里程（客车千米）：

$$B_1 = nL \qquad (6\text{-}10)$$

客车小时：

$$B_2 = \frac{B_1}{v_{\text{旅}}} = \frac{nL}{v_{\text{旅}}} \qquad (6\text{-}11)$$

客运列车运行车小时：

$$B_3 = \frac{B_1}{v_{\text{技}}} = \frac{nL}{v_{\text{技}}} \qquad (6\text{-}12)$$

客车机车千米：

$$B_4 = (1+\Upsilon_{\text{辅}})L \qquad (6\text{-}13)$$

客运机车小时、客运机车乘务组小时：

$$B_5 = B_6 = \frac{B_4}{v_{旅}(1+\Upsilon_{附})} = \frac{(1+\Upsilon_{辅})L}{v_{旅}(1+\Upsilon_{附})} \tag{6-14}$$

客运列车乘务组小时：

$$B_7 = \frac{L}{v_{旅}(1+\Upsilon_{附})} \tag{6-15}$$

机车车辆总重吨千米：

$$B_8 = \omega_{机}B_4 + \omega_{客}L \tag{6-16}$$

消耗燃料千克：

$$B_9 = \frac{D}{10\ 000} \tag{6-17}$$

调车机车小时：

$$B_{10} = \frac{K}{10\ 000} \tag{6-18}$$

式中　C——运输总支出；

　　　n——编组辆数；

　　　L——运行里程；

　　　$v_{旅}$——旅行速度；

　　　$v_{技}$——技术速度；

　　　$\Upsilon_{辅}$——客运列车机车辅助走行占本务走行百分比；

　　　$\Upsilon_{附}$——机车乘务组附加时间系数；

　　　$\omega_{机}B_4$——客运机车重量机车千米；

　　　$\omega_{客}L$——客车总重客车千米；

　　　D——每万总重吨千米燃料消耗定额客车总重客车千米；

　　　K——每千客车千米应摊调车机车小时客车千米；

　　　G——行车无关的固定成本。

可通过相关工程技术手册查询支出率指标。

2．支出率法的优点

（1）支出率法原理简单，可操作性强，用于进行预测计算的项目较少，其各项指标数据通过回归方法回归，比较准确，所以计算结果更加科学合理。同时，确定了各项指标的支出率就能较快地得出相关成本。

（2）与实算法相比，支出率法不需要经过通过众多部门并来回上下反复修订，从而减少了组织实施的工作量，降低了组织成本。

（3）该方法对于趋势预测比较容易，从长期来看，各项成本不可能一成不变，必然会有所变化，因此可以考虑利用历史数据资料，采用回归方法或时间序列法，求得一个各成本指标的增长率 r，通过计算公式 $C_n = C_0(1+r)$，可以很方便地进行以后若干年的收入成本预测。

3．支出率法的缺点

支出率法反映的是与运量相关的支出成本，但对于与运量无关的支出却体现不出来，即它回避了固定成本的问题，无法全面反映整个运输成本，这是支出率法的最大缺点。如果要考察某项具体运输的全成本，通常的做法是，在变动成本的基础上附加一个按照某种人为认定或者是按照某个经验值的比例计算而得的固定成本，最终得出所需的全成本。但这样计算缺乏科学合理性，得到的全成本的准确性就会大打折扣。这种方法基本上无法满足铁路经营管理和其他方面在新的市场环境下的需要。

支出率法的变动成本法基础与铁路运输业的行业特点是矛盾的，变动成本法是基于对成本性态的分析，它适用于企业短期经营决策所需要的成本计算，对于种类相对简单，人工、材料所占比重很大而间接费用比较小的产品非常适合。而铁路客运专线固定成本庞大，作业过程复杂，完成一项运输任务，需要非常大量和相当复杂的间接作业的支持，这些特点决定了运用支出率法很难对客运专线运输成本做出精确测算[92]。

6.1.5.4 作业成本法

1.作业成本法概况

通常，为了获得某项产品就需要有一定的作业过程，作业过程就是将所消耗掉的各种资源价值通过一定方法转换到最终产品中去，因此，作业过程是联系资源与最终产品之间的纽带[45]。而作业成本法的计算就着重于作业，因此为了计算出生产的最终产品成本，就需要将所有作业所消耗掉的所有资源的成本加起来。

作业成本计算法是经济学领域的一种成本计算普遍适用方法，利用作业成本法计算出来的运营成本是动态的，是与实际经营活动过程密切相关的一列开行车辆所需要的成本。该方法将研究目标的生产工序划分构建成多种"作业"项目，并从多方位、多角度对每一作业活动进行实时动态追踪，详细统计各项作业活动需要消耗的物质成本、人力资源以及耗用时间等资源消耗；将每项作业所消耗的资源准确地计入作业，再根据成本动因将作业成本分配给产品或者服务。该方法不仅注重初始资源的分配情况，而且通过持续追踪生产流程的全部环节清晰地分辨出成本资源分配的着重点、成本资源的流向等一系列问题，准确地找到了成本分配的依据，优化了成本核算的过程，提高了成本信息的准确性和相关性。因而，能够详细、全面地对研究对象提出合理的成本控制建议，具有准确、流畅、目的性强等优势。

作业成本法的流程如图 6-6 所示。

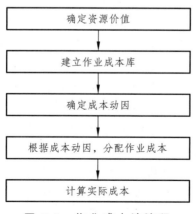

图 6-6 作业成本法流程

铁路运输的作业成本法，是铁路运输部门将作业成本法与铁路运输特点相结合，所产生的成本核算方法。该方法一直应用于铁路成本的计算，并在实际操作中不断优化。该方法的基本思路：按照铁路运输的特点，将运输过程分为一个个基础作业，通过对这些作业的动态追踪来获得准确的作业成本，再按照成本动因将其归纳成发送、运行、中转、到达4个环节，计算出每个中间作业环节完成的运营工作量及其耗费的成本[43]。利用回归统计模型确定作业过程中成本支出与运营工作量之间的关系，确定成本对象和资源耗费之间的联系。

2．作业成本法的相关概念

作业成本法和传统成本法的区别主要在于，对间接费用的分配，传统成本法只关注成本的计算结果，作业成本法以作业为基础，将工作中心转移到关注成本发生的原因上来，解决了以往中间费用分配不清的问题，使中间费用的分配更加合理、明确，为成本控制打下了良好的基础[43]。

资源又被称为生产资料，包括物资资源与非物质资源两种。其中，物质资源包括人力、资金、原材料等一系列的实体资源；非物质资源包括科学技术、信息资源等。

作业是作业成本法最核心的概念之一，是指为达到一定的目的（提供一定数量的产品、劳务或者完成组织内部各职能部门的目标）而进行的消耗资源的各种活动。作业可以根据计算成本的需要进行分解和细化。

成本对象是指研究目标最终要达成的目标所依托的实体，即成本分配的终点，如顾客、商品等。

作业中心是成本归集和分配的基本单位，是所有相关作业的集合，为企业提供作业执行情况的信息和每项作业所耗资源的信息。

作业成本库是指每一道作业所需消耗的资源成本的总和，每一项成本所消耗的各类资源最终归算成货币形式并归入作业成本库。

成本要素是指被分配到作业的每一种资源，当资源分配到作业中时，具有多种表现形式，如时间、人力、资金等。

成本性态是指成本变动和业务量之间的关系，根据成本和业务量之间的依存关系，可将成本分为固定成本、变动成本和半变动成本。固定成本是指总额在相关范围内，不受业务量水平变化而变化的支出；变动成本是指随着业务量的变化而呈正比变化的支出；半变动成本是指总额随业务量的变化而变化，但其变化的幅度并不与业务量的变化保持严格的比例。

资源动因是指各项作业消耗资源的方式和原因，是衡量资源消耗与作业之间关系的一种分配依据和量化标准。

作业动因是作业发生的原因，作业成本法根据作业动因的不同将作业成本分配到不同的成本对象中去。

成本动因是产生成本费用的原因，表示作业和成本之间的因果关系。资源动因和作业动因统称为成本动因。例如由于机车运行要消耗油脂，机车千米就是油脂消耗作业的动因。它一般包括资源动因和作业动因。

3．作业成本法的意义

（1）作业成本法将作业作为汇总其他成本的基础，使成本的分配更加合理化、明细化，有利于准确地计算各个项目的实际成本。

（2）通过对每一项作业过程的密切关注，加强了成本监控，有效降低了生产过程中可能出现的浪费。

（3）改变了许多间接费用的计入方式，使成本归集渠道多样化，使成本的分配更加合理、准确。

作业成本法是适应现代高科技生产的需要而产生的。作业成本法与支出率法相比，克服了支出率法对运输产品固定成本考虑不足的这一弊端。作业成本法注重间接费用的归集与分配，提高了成本的可归属性，这是与传统成本法的主要差别。对于企业的日常决策而言，作业成本法的作业成本管理和过程分析的思路非常重要，并能影响企业的长期战略。

4．作业成本法的计算步骤

使用作业成本法进行铁路运输成本的计算要经历以下过程：运营作业设计、运营作业支出归集、运营作业成本计算[93]。

运营作业设计是从运输生产过程中确定运营作业项目，并通过运营指标表示运营作业。即该步骤首先需要定义作业并划分作业种类，确定作业中心，将相似的各项作业分别归属到同一个作业中心；同时，需要确定所有的费用支出，以及产生这些支出的成本动因。

完成运营作业设计后，结合作业分类和确认的运营作业指标，将铁路运输过程的所有支出归集到各作业指标上，最后将同类支出归属到同一项作业之中，使作业指标、运营作业、运营作业指标联系起来，形成各项作业及其对应的支出科目分组集合。

作业成本计算主要分为两大部分：第一部分首先确定运营作业和对应的运营作业指标，然后围绕作业中心、对照运营指标将各项细节支出归集到各作业指标中，再进行单位作业成本计算；第二部分是决定总变动成本的作业指标的计算，单位指标与作业指标相乘获得总变动成本后与特定成本、固定成本分摊组合即可得到总成本。

单位作业成本的计算可以利用回归分析模型实现。

以作业单位支出和运营作业量作为条件可进行作业成本计算，计算公式如下：

$$作业成本 = 单位作业支出 \times 运营作业量 + 特定成本 \qquad (6\text{-}19)$$

最终的运输产品成本为：

$$产品成本 = \sum 作业成本 + 固定成本分摊 \qquad (6\text{-}20)$$

5. 作业成本法的优缺点

产量和成本之间的关系通过作业成本法发展到作业量与成本之间的关系。采用作业成本法能够解释成本动因，并且真实地反映生产经营过程中各环节的实际消耗，使成本的预测、计划、分析、计算、控制等各项管理工作都可深入各个作业环节，有利于企业发现有效与无效的作业、区分高效与低效的作业，更便于降低产品成本，提高产品和企业的竞争力[94]。

但采用作业成本法进行成本计算时需要大量的、细致的基础数据，一般的财务、统计数据资料尚难以满足计算需要，同时计算量较大、计算过程烦琐，导致其在实际应用时具有一定的难度和局限性。

6.2 作业成本法计算铁路运行线成本的步骤及算例

采用作业成本法对铁路运行线成本进行计算，具体的分析及计算步骤如下：

第一步，将铁路运输过程分解为若干作业，建立运营作业与对应作业指标之间的联系。每项作业还可进一步分解细化为更多项细节作业。为简化程序、同时考虑数据采集和统计的有限性，将性质相同或相近的作业进行合并。该步骤通过建立作业中心、确定成本动因分析实现。

第二步，根据第一步建立的指标体系，计算各项作业成本支出并汇总，其具体步骤如下：

（1）确定每项作业下对应的支出，并且将各项支出按照经济要素（工资、材料、燃料、电力、折旧、其他）分解，将按要素分解的运输作业支出归集到上述各项支出中，建立运输作业指标与运输作业支出之间的联系。

（2）根据上述建立的运营作业与作业指标的联系，以及作业指标与运输作业支出间的联系，整理出铁路运行线成本计算体系。

（3）分析归纳各项单位支出计算方法。

（4）汇总各单位支出与运营指标、固定支出及其他支出，计算获得最终运行线总成本。

6.2.1 运营作业指标体系与支出归集

1．运营作业及指标的确定

将铁路的运输产品分解为各项作业后，需要围绕作业中心，确定代表各项作业的运营工作指标的名称和数量，即指标体系。确定指标时，应考虑以下问题：

（1）指标体系的选择要本着研究和解决问题的目的，要能够全面反映铁路运输生产过程各主要环节的特点；

（2）选用的指标必须与其有关的支出密切联系，每一项指标都能全面完整地反映与其相关的各项支出情况；

（3）选用的指标数量的多少，既要考虑计算和分析营运成本的精确性，又要使计算工作量不要太麻烦。

铁路运输生产过程各项作业一般可划分为发到、运行、中转 3 个环节，又可分客运、货运 2 类。计算时，具体的作业划分和作业指标的选取根据以上几方面来具体考虑。本书参考《中国铁路成本计算》一书，采用下文所述作业和指标体系：

客运作业分别以旅客发送人数、行包发送（到达）吨数、行包中转吨、客车车辆千米、列车千米、客运机车千米、客车小时、机车小时、专调小时、客运总重吨千米、（客运）线路通过总重吨千米等 11 项运营指标反映[95]。

货运作业分别以货物发到车数（或吨数）、中转吨数、货运机车千米、机车小时、货运总重吨千米、调车小时、货车千米、车辆小时、集装箱小时等 9 项指标反映[96]。

普通旅客运输作业划分如图 6-7 所示。

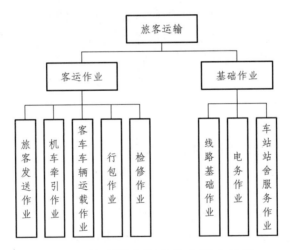

图 6-7　旅客列车运行作业划分示例

需要注意的是，对于高速铁路旅客运输及采用动车组列车进行旅客运输的情况下，由于此时旅客列车不区分机车及客车车辆而是将整列列车作为整体，因此该情况下运行作业划分将有所区别，示例如图 6-8 所示。

货物运输作业划分如图 6-9 所示。

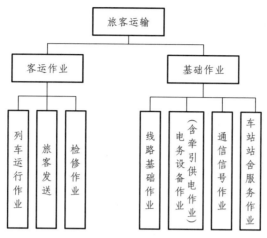

图 6-8 动车组列车运行作业划分示例

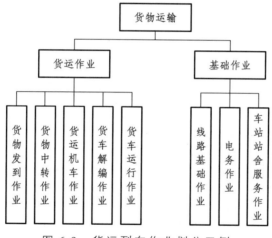

图 6-9 货运列车作业划分示例

2. 运营作业支出归集

在以上工作的基础上，对照各项运营指标，将完成铁路运输产品的各种支出耗费归集到各个作业指标上。作业量的多少决定支出耗费的多少。某类支出或某几个支出归集到一项作业之中，形成与该作业对应的支出科目分组集合。铁路作业成本计算的作业、作业指标及支出分组集合的相应分配、归集汇总示例，如表 6-3 所示。该表为一种可行的划分方法，未考虑采用动车组列车进行旅客运输情况下的成本支出归集，仅供参考。

表 6-3　运营作业与成本支出归集表示例

作业		运营作业指标	对应成本费用范围
客运作业	发到作业	发送人数	与旅客发到作业有关的人工、车站旅客服务等支出
		专调小时	客车调车有关指出
	行包作业	行包发送吨	与行包发到作业相关的人员工资及行李房支出等
		行包中转吨	行包中转有关费用
	机车牵引作业（分为内燃和电力牵引）	客运机车千米	与客运机车走行相关的人员工资、运用、检修等支出
		客运机车小时	机车折旧
		客运总吨千米	机车运行用燃料电力支出
	车辆运载作业	客车车辆千米	与客车走行相关的人员工资、运用、检修等支出
		客车小时	客车车辆折旧
货运作业	发到作业	货物发到车数（吨数）	发送货运站相关支出及发送货运站发送作业人员工资等支出
	中转作业	货物中转吨数	货物中转作业、货物装卸作业等相关支出
	机车牵引作业	货运机车走行千米	货运机车有关的机车运用费用、人员工资、机车检修等支出
		货运机车小时	机车折旧
		货运总重吨千米	机车牵引动力（燃料、电力）支出
	车辆编解作业	调车小时	车辆改编解体有关的专用调车机车支出、相关人员工资以及编组站线路和信号等支出
	货车运行作业	货车车辆千米	货车运用走行支出、车辆检修支出以及相关人员工资等支出
		货车小时	货车车辆折旧
		集装箱小时	集装箱运用、集装箱检修、集装箱折旧等全部相关支出
基础作业	轨道线路基础作业	线路通过总重吨千米	工务部门支出（含编组站部分）
	列车运行电务设备作业	列车千米	电务部门支出（含编组站部分）
	车站及站舍作业	货物发送吨数	车站房屋建筑物相关支出

在网运分离情况下，铁路运输运营作业与成本支出项目总量不发生本质上的变化，但由于路网使用与客货运输生产活动归属不再统一，因此作业指标也应按照这种方式进行划分，由此改变作业项目及指标、支出归属的变化，如表6-4所示。

表6-4　网运分离下运营作业与成本支出归集

作业指标		成本支出类别	最终获得的单位支出
路网使用	线路通过总重吨千米	运行线路修理费用	各区段通过总重单位线路修理支出
		电气化铁路供电费用	各区段每通过总重吨千米供电费用
		工务折旧费用	各区段每通过总重吨千米分摊工务折旧额
	列车千米	运行信号费用	各区段每列车千米信号修理费用单位支出
	货物发送吨数	车站货运服务办理费用	车站每发送吨单位支出
		站舍生产用水、电费用	车站每发送吨耗用水电单位支出
		车站站舍折旧费用	每发送吨分摊车站折旧费用单位支出
	调车小时	工务折旧费用	每调车小时分摊工务折旧额
	列车千米	信号设备折旧费用	每列车千米所分摊的信号设备折旧
	电力机车千米	电气化铁路设备折旧费用	每机车千米所分摊的电气化铁路设备折旧
货运公司生产	通过总重吨千米	运行机车燃料费用	每通过总重吨千米运行机车燃料费用单位支出
		机车整备费用	每通过总重吨千米机车整备费用
	机车千米	运行机车乘务人员工资	每机车走行千米机车乘务人员工资
		运行机车用油脂费用	每机车走行千米运行机车用油脂费用
		机车维修费用	每机车走行千米机车维修费用
		机务其他折旧	每机车走行千米所分摊的机务折旧额

作业指标		成本支出类别	最终获得的单位支出
货运公司生产	调车小时	机车维修费用	每调车小时机车维修费用
		专用调车机车乘务人员工资	每调车小时乘务员工资单位支出
		调车机车用燃料、油脂费用	每调车小时调车机车用燃料、油脂费用
	货车车辆千米	货车维修费用	每货车走行千米货车维修费用
	发送吨数	车站货运费用	每发送吨车站运费单位支出
	机车小时	机车折旧费用	每机车小时机车折旧费用单位支出
	货车车辆小时	货车折旧费用	每货车车辆小时所分摊的货车折旧费用
客运公司生产	客车车辆千米	客车段修费用	每客车车辆千米客车段修费用单位支出
		客车大修费用	每客车车辆千米客车大修费用单位支出
		客车其他直接费用	每客车车辆千米客车其他直接费用单位支出
	客运列车千米	客车乘列检费用	每客运列车千米客车乘列检费用单位支出
		空调车运行费用	每客运列车千米空调车运行费用单位支出
		旅客列车服务费用	每客运列车千米旅客列车服务费用单位支出
	行包发到吨数	车站行包费用	行包发到每吨消耗的单位支出
	客车车辆小时	客车折旧费用	每客车车辆小时客车折旧单位费用支出

6.2.2 各项作业成本计算

1. 铁路作业总成本计算

在铁路作业成本中，有些作业成本与运营作业量完全相关即完全直接变动，这类成本可采用直接计算法进行变动成本计算和确定。但还有相当部分运营支出与运营作业量变动程度不一，需要用专门的方式方法去界定该项支出的固定和变动部分。其中最有效的方法之一就是数理统计方法中的回归分析模型[95]。

通过观测历史资料，可以得到关于自变量 x 和因变量 y 的历史数据（即样本点数据）。这些历史数据可以在坐标图形成若干个散布点，依据这些散布点即可画出许多条反映来年各个变量之间的关系直线。

根据直线 $y = a + bx$，观测 n 组数据，以合计数（$\sum$）的形式，表述 $y = a + bx$ 的每一项，得：

$$\sum y = na + b\sum x \tag{6-21}$$

以 x 乘公式的每一项可得：

$$\sum xy = a\sum x + b\sum x^2 \tag{6-22}$$

可求得：

$$b = \frac{n\sum xy - \sum x\sum y}{n\sum x^2 - (\sum x)^2} \tag{6-23}$$

$$a = \frac{\sum x^2\sum y - \sum x\sum xy}{n\sum x^2 - (\sum x)^2} \tag{6-24}$$

根据与某一成本费用项目相关的作业量个数，回归分析可以分为简单回归分析和多元回归分析。当某一支出项目由固定支出和一个可变支出构成，而此变动支出只依赖于一个简单变量时，可用简单回归分析法。多元回归分析法的原理同简单回归，但因变量的变化受到一个以上自变量的影响。

某项运营作业单位支出一般是指单位作业变动支出，它由两部分组成：一是通过对作业和相应的作业支出分组进行变动成本、固定成本计算分析，直接得出该项作业的单位变动支出，或者利用回归分析模型所产生的作业变动率乘以相应的作业支出而得；二是将间接生产费等附加性支出与相应的直接费支出进行关联分析，求得作业单位支出附加支出率[97]。

2．铁路作业单位成本计算

作业单位支出计算大体有两类方式：一是利用回归函数式中的回归系数直接代替，作为作业单位支出，这代表了所有参加回归分析样本单位样本点的平均水平；二是利用变动率与各自样本单位的样本点数相乘，计算出作业单位支出[80]。

（1）采用变动率方法计算单位支出。

对于一元回归，计算公式如下：

$$某单位作业成本 = \frac{该项作业总成本费用 \times 成本变动率}{该项作业指标} \qquad (6\text{-}25)$$

对于多元回归，计算公式如下：

$$某单位作业成本_i = \frac{该项作业总成本费用 \times 成本变动率 \times 成本分配率_i}{作业指标_i}$$

$$(6\text{-}26)$$

$$成本分配率_i = \frac{成本变动率_i}{总成本变动率} \qquad (6\text{-}27)$$

（2）采用直接计算法计算单位支出。

$$单位变动支出 = \frac{费用}{对应运营工作量} \qquad (6\text{-}28)$$

3．特殊成本与固定成本的计算

特殊成本指某运输环节或某运输方式下特有的支出，一般情况下并不会发生。对于其部分成本一般采用确定对象直接归集计算。如货物运输中在列车跨海或跨江时会发生轮渡工资及支出成本，采用典型调查法计算单位吨数货物下的支出，实际计算时直接加上该部分成本；又如运输易腐货物时产生的加冰、加盐等费用，根据统计数据资料计算单位吨数货物下的支出，实际计算时直接加上等。

在需要利用运输生产过程中的全成本信息时，需要对固定成本进行分析处理。目前常用的方法是通过固定支出分摊百分率计算固定成本。分摊率计算如下：

$$固定支出分摊百分率 = \frac{含营业外部分的固定支出}{总变动支出} \times 100\% \qquad （6-29）$$

$$不含营业外固定支出分摊百分率 = \frac{不含营业外部分的固定支出}{总变动支出} \times 100\% \qquad （6-30）$$

6.2.3 旅客列车运行线成本算例

6.2.3.1 算例描述

某客运专线 AC 线上开行了某 GXXXX 车次，该车次从起始站 A 开往终点站 C，中间站为 a、b、B、c、d。AC 线上共开行了 102 列在 A、C 两站间运行的旅客列车，其中 A、C 两站间站间距为 281 km；同时，该线上还开行了 21 列以 C 站为端点站、途径 B 站去往 D 方向的旅客列车，其中 B、C 两站间站间距为 146 km。线路情况如图 6-10 所示。

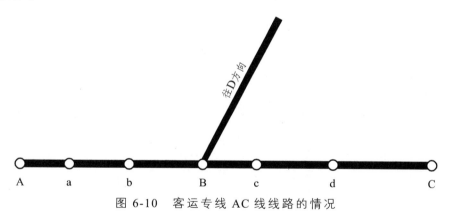

图 6-10 客运专线 AC 线线路的情况

6.2.3.2 数据及指标计算

1. 作业划分及成本计算

结合该客运专线相关资料，根据作业成本法计算流程，通过计算整理可得表 6-5 的数据资料。

表 6-5　目标车次运输作业支出科目费用表

作业划分	运营指标	作业具体支出	核算要素						合计/万元	
			①工资	②能耗	③材料	④折旧	⑤资金成本	⑥其他	单项合计	作业成本汇总
发到作业	发送人数	车站旅客服务费用	①					⑥	4 864.74	5 253.919 2
		车站其他间接费用	①	②	③	④			389.179 2	
运营生产环节	运行作业	列车乘务员工资	①					⑥	2 551.552	21 269.132
	列车小时	列车折旧费				④			18 487.08	
		综合调度中心费用	①	②	③	④			230.5	
	列车总重吨千米	列车牵引耗电支出		②						77 895.664
		列车运行材料费用			③				349.564	
		资本成本				④			60067.9	
	检修作业	动车组定期维修费综合检测	①	②	③				22 184.496	25 955.860 4
	列车千米	列车费用列车检修	①	②	③	④			1 109.224 8	
		其他费用						⑥	2 218.449 6	
		动车检修基地其他费用				④		⑥	443.69	
基础作业环节	轨道线路作业	正线大修费用	①	②	③				5 676.2	50 377.47
	列车总重吨千米	正线日常维修费	①	②	③				3 849.7	
		站线大修费	①	②	③				1 419.05	
		站线日常维修费	①	②	③				962.425	
		道岔维修费	①	②	③				388.8	
		养路机械运用维修费	①	②	③	④			190.518	
		线桥隧折旧费				④			37 128.7	
		工务部门其他间接费用						⑥	762.072	

续表

作业划分	运营指标	作业具体支出	核算要素 ①工资	②能耗	③材料	④折旧	⑤资金成本	⑥其他	合计/万元 单项合计	作业成本汇总
基础作业环节	电务及牵引供电作业 / 列车千米	牵引供电系统运用人工费	①						204.44	12 955.26
		牵引供电设备大修、日常维修费	①						1 636.89	
		牵引供电系统折旧费				④			2 698.91	
		维修机械设备费用	①	②	③	④			160.06	
		防灾报警设备维修及折旧费	①		③	④			1 860.48	
		电务部门其他间接费用						⑥	574.56	
	通信信号作业 / 列车千米	通信信号系统运用人工费	①						273.9	22 040.444
		通信信号系统大修及日常维修费	①	②	③				5 546.02	
		通信信号系统折旧费				④			3 265.264	
	车站站舍服务 / 发送人数	车站房屋建筑物大修、日常维修及折旧费	①	②	③	④			3 044.22	3 712.94
		给排水作业费用	①			④			668.72	

2．作业指标数据

（1）年发送人数约为 18.44 万人。

（2）列车千米采用站间距 281 km 替代计算，则年列车千米约为 10.27 万千米。

（3）该列车单次运行时间为 80 min，每日开行，则年列车小时约为 486.67 小时。

（4）假设采用的动车组型号为 CRH3C 型，定员 600 人，列车自重取

400 吨，满座率 90%，平均每人加行包重量为 0.08 吨，旅客平均乘坐距离为列车运行全程的 60%，年总重吨千米数约为 4 368.448 48 万。

3．列车运行线成本

列车运行线成本计算结果，如表 6-6 所示。

表 6-6　列车运行线成本计算结果

作　业	作业指标	全年作业量/万	全年作业成本/万元	单位作业成本/元
发到作业	发送人数	2 268	5 253.919 2	2.316 542 857 142 857
	列车小时	10.028 375	21 267.232	2 120.705 697 583 108
运行作业	总重吨千米	1 884 535.88	77 895.664	0.041 334 136 869 816 5
检修作业	列车千米	4 495.953 2	25 955.860 4	5.773 160 717 064 404
轨道线路作业	总重吨千米	1 884 535.88	50 377.47	0.026 732 030 169 677 6
通信及供电作业	列车千米	4 495.953 2	12 955.26	2.881 538 001 774 574
车站站舍作业	发送人数	2 268	3 712.94	1.637 098 765 432 099
运营成本总计	人千米	521 386	197 418.3	0.378 641 352 088 471 9

6.2.4　货物列车运行线成本算例

1．算例描述

C 城至 L 港间的铁路货运集装箱班列始发站为 P 站，终点站为 L 港，单程全长 319 km，为单线铁路；列车采用东风 4B 型内燃机车牵引，单程运输时间约为 10 h。初期该货运班列每周固定开行 1～2 列，首趟列车共载有 52 个集装箱。

2．计算方法

由于作业成本法较为复杂，企业财务统计资料难以获得，现有铁路货物运输统计资料尚不足以支撑准确的作业成本法。目前，我国铁路运输企业广泛使用的铁路进款清算办法是一种根据进款项目将提供铁路运输服务而产生的费用划分为发到服务费用、机车牵引费用、线路使用费用、车辆服务费用、综合服务费用及其他费用，并进行分配的简单且具有操作性的费用清算办法，其原理与费用划分与作业成本法较为相似。参考这种铁路进款清算办法，可以估测铁路货物运输的运行线成本。本案例参考由铁路总公司于 2017 年 12 月发布的铁总财〔2017〕333 号通知所确定执行的《铁路货物运输进款清算办法（试行）》文件。具体计算原理和数据，如表 6-7 所示。

表 6-7　参考《铁路货物运输进款清算办法（试行）》下的铁路货运集装箱班列成本计算

支出项目	补偿作业支出内容	对应包含的作业成本支出项	计算指标	计算公式
发送服务费（参考到达服务费项目，假设发到服务费用相同）	补偿发送作业服务相关成本	货物装车数、发送调车小时指标对应的发送作业成本、人员工资、发送调车作业成本、调车人员工资及其他成本等	货物计费标准箱	货物计费标准箱×发送服务费单价（此处采用到达服务费清算单价）
机车牵引费	补偿机车牵引服务相关成本支出	机车总重吨千米、机车千米、机车小时指标对应的运行机车动力消耗成本、机车乘务组人员工资、机车折旧等	（分内燃、电力）机车牵引总重吨千米	机车牵引总重吨千米×机车牵引费清算单价
线路使用费	补偿工务、电务、通信等基础设施服务相关成本支出	线路通过总重吨千米、列车千米、调车小时指标对应的线路维修养护、电务信号、通信部门作业支出与折旧成本等	（分调节系数）重车车辆千米	重车车辆千米×线路使用费清算单价×调节系数
车辆服务费	补偿车辆服务相关成本支出	货车车辆千米指标对应的货车维修成本等	重车车辆千米	重车车辆千米×车辆服务费清算单价
到达服务费	补偿发送作业服务相关成本支出	货物装车数、到达调车小时指标对应的发送作业成本、人员工资、到达调车作业成本、调车人员工资及其他成本等	货物计费标准箱	货物计费标准箱×到达服务费清算单价

续表

支出项目		补偿作业支出内容	对应包含的作业成本支出项	计算指标	计算公式
综合服务费	中转服务费	补偿车辆中转服务相关成本支出	货车中转吨指标对应的货物中转支出；编组站调车小时对应的中转调车机车动力消耗、调车人员工资、机车折旧等	(分有调、无调)提供中转服务车站中转办理辆数	中转办理辆数×中转服务清算单价
	空车走行服务费	补偿空车走行性服务相关成本支出	发到车数、货车车辆千米、总重吨千米等指标对应包含的车辆维修、折旧、运转成本及包含的空车走行下线路维修与折旧、机车动力消耗的补充等	空车走行千米	空车走行千米×空车走性服务清算单价
	集装箱使用服务费	补偿集装箱使用相关成本支出	发到车数、中转吨数等指标对应包含的集装箱发到、中转货物作业支出；集装箱小时对应的集装箱折旧和维修成本的补充等	(分箱型)集装箱运用箱日	集装箱运用箱日×集装箱使用服务费清算单价
其他服务项目费用	货车使用费	补偿按国铁管理的货车使用相关成本支出	货车小时指标对应的货车折旧等	货车现在车辆日	货车现在车辆日×货车使用费清算单价

支出项目		补偿作业支出内容	对应包含的作业成本支出项	计算指标	计算公式
其他服务项目费用	接触网使用费及电费	补偿提供电力机车牵引供电费、接触网使用相关成本支出	电力机车走行千米对应的电气化铁路供电成本、折旧等	电力机车牵引总重吨千米	电力机车牵引总重吨千米×接触网使用费及电费清算单价
	长交路轮乘费	补偿长交路运输中乘务人员工资等相关成本支出	机车总重吨千米指标对应的行车千米等支出的补充；机车千米指标对应的运行机车乘务人员工资支出的补充等	(分内燃、电力)机车牵引总重吨千米	机车牵引总重吨千米×长交路轮乘费清算单价
		铁路企业相互间提供机车检修、整备费用差额		企业间协商确定	

3．已知数据

（1）运行区间为 P 站与 L 港之间，单程全长 319 km，线路等级为二类线路；列车采用东风 4B 型内燃机车牵引，单程运输时间为 10 h，不存在长交路轮乘作业；货运班列单次运送货物 1 000 t，共运输 52 个集装箱，参考相关资料假设其中包含 46 个 20 ft 国际标准集装箱以及 6 个 40 ft 国际标准集装箱。

（2）20 ft 标准箱参数：外部尺寸（mm）6 058×2 438×2 591，总重 24 000 kg，自重 2 210 kg。40 ft 标准箱参数：外部尺寸（mm）12 192×2 438×2 896，总重 30 480 kg，自重 3 880 kg。

（3）集装箱班列采用全部 29 辆 40 ft 集装箱专用车运输。

（4）参考相关资料采用空车走行率 0.3，两种尺寸集装箱的集装箱返空车走行率均为 0.2。

（5）货运班列在中转站全部进行无调中转。考虑到运输距离与运输路径内货运营业站数量，假设班列仅在运输过程中进行两次中转站中转作业。

（6）货运清算单价如表 6-8 所示。

表 6-8　货运清算单价

项　目		计量单位	单价（含税）	
线路使用费		元/（辆·千米）	1.64	
车辆服务费		元/（辆·千米）	0.96	
发到服务费	集装箱运输	元/标准箱	150.71	
中转服务费	有调	元/辆	106.29	
	无调	元/辆	51.14	
空车走行服务费		元/（千辆·千米）	206.25	
集装箱使用服务费	40ft 集装箱	元/运用箱日	16.00	
	（除 30t 敞顶箱）其他箱型	元/运用箱日	8.00	
货车使用费		元/现在车辆日	136.80	
货运机车牵引费		元/（万总重吨·千米）	内燃	407
			电力	253
			网电	124
初期集装箱运输线路使用费调节系数			40ft	0.1
			20ft	0.5

资料来源：《铁路货物运输进款清算办法（试行）》（铁总财〔2017〕333 号）。

4．计算过程

（1）发到服务费。

$$货物计费标准箱 = 46 + 6 \times 2 = 58（标准箱）$$

$$发到服务费 = 58 \times 150.71 = 8\,741.18（元）$$

（2）机车牵引费。

$$机车牵引万总重吨千米 = (1\,000 + 46 \times 2.21 + 6 \times 3.88) \times$$
$$319 \times (1 + 0.3) \div 10\,000$$
$$= 46.65（万总重吨 \cdot 千米）$$

$$内燃机车牵引费 = 46.65 \times 407 = 18\,986.55（元）$$

（3）线路使用费。

$$调节系数 0.5 下的重车车辆千米 = 23 \times 319 \times (1 + 0.2)$$
$$= 8\,804.4（辆 \cdot 千米）$$

$$调节系数 0.1 下的重车车辆千米 = 6 \times 319 \times (1 + 0.2)$$
$$= 2\,296.8（辆 \cdot 千米）$$

$$线路使用费 = 8\,804.4 \times 1.64 \times 0.5 + 2\,296.8 \times 1.64 \times 0.1$$
$$= 7\,596.28（元）$$

（4）车辆服务费。

$$重车车辆千米 = 8\,804.4 + 2\,296.8 = 11\,101.2（辆 \cdot 千米）$$

$$车辆服务费 = 11\,101.2 \times 0.96 = 10\,657.15（元）$$

（5）中转服务费。

$$中转服务费 = 29 \times 2 \times 51.14 = 2\,966.12（元）$$

（6）空车走行服务费。

$$空车走行辆千米 = 重车走行辆千米 \times 空率$$
$$= 11\,101.2 \times 0.3$$
$$= 3\,330.36（辆 \cdot 千米）$$

$$空车走行服务费 = 3\,330.36 \div 1\,000 \times 206.25$$
$$= 686.89（元）$$

（7）集装箱使用服务费。

$$20\,ft 集装箱运用箱日 = 46 \times 10 \div 24 = 19.17（运用箱日）$$

$$40\,ft 集装箱运用箱日 = 6 \times 10 \div 24 = 2.5（运用箱日）$$

$$集装箱使用服务费 = 19.17 \times 8.00 + 2.5 \times 16.00$$
$$= 193.36（元）$$

（8）货车使用费。

$$货车现在车辆日 = 29 \times 10 \div 24 = 12.08（现在车辆日）$$
$$货车使用费 = 12.08 \times 136.80 = 1\ 652.54（元）$$

（9）接触网使用费及电费。

由于采用东风4B型内燃机车牵引，此费用不计。

（10）铁路企业相互间提供机车检修、整备费用差额。

此部分数据未知。

（11）总费用。

$$总费用 = 8\ 741.18 + 18\ 986.55 + 7\ 596.28 + 10\ 657.15 +$$
$$2\ 966.12 + 686.89 + 193.36 + 1\ 652.54$$
$$= 51\ 480.07（元）$$

（12）单位费用。

$$平均每换算箱运费 = 51\ 480.07 \div (46 + 6 \times 2)$$
$$= 887.59（元/换算箱）$$
$$平均每货物吨数运费 = 51\ 480.07 \div 1\ 000$$
$$= 51.48（元/吨）$$

5．计算说明与分析

对于本算例中的成本误差，说明如下：

（1）为方便计算，在本算例中参考《铁路货物运输进款清算办法（试行）》等资料对部分数据进行了假设；同时，由于已知资料有限，未对资本成本以及本实例的成本误差进行计算。

（2）计算中转服务费采用清算办法中的路网性编组站提供中转服务清算单价实现该部分的计算，但实际并未发生在路网性编组站的中转作业，理论上应当采用其他相关等级货运中转站中转服务费用。

（3）《铁路货物运输进款清算办法（试行）》主要是根据铁路运输企业进款来源进行费用的界定和分配，其中数据并不能完全代表运输成本而实际上是基于营业收入所确定的内部清算费用。但考虑到对于具备集装箱班列列车运行线经营权的营运商而言，该费用可以近似表现为该班列列车运行线的运输成本，因此本算例仍具备一定的合理性。

（4）由于该清算办法对费用支出的划分方式并不与作业成本法运营设计和支出归集的划分方式完全相同，部分费用项目对应到作业成本法的支出科目集合中时会出现交叉等。这将导致按照作业成本法计算变动成本时使用的作业指标与采用该清算办法所使用的作业指标不同，或者甚至存在一些变动成本、附加费用及固定成本分摊的漏算，从而产生误差。

（5）该清算办法中未针对企业相互间提供如机车维修整备等作业的费用，归纳出清晰明确的计算方法，本次计算也没有涉及该部分内容，也是会导致本实例计算出现误差的因素。

6.3　利润加成率的确定

对于运输企业而言，理论上其制定价格的底线为变动成本，最低限度为短期变动成本，且一般条件下不应长期采用此价格为最终运价，以确保企业的正常再生产和运输经营活动的开展。在我国运输市场经济体制下的路网公司，其运价的确定应当是全成本加上一定的加成率或长期变动成本加上一定的加成率。这种加成率可以认为是企业的利润空间。

在铁路网运关系调整趋势下，政府指导制定的路网成本加成率下限对路网公司是否盈利和盈利多少具有重要影响。一般来说，该成本加成率的确定应保证路网公司不至于亏损，使路网公司能够维持长期稳定的发展。

企业成本利润率可以参考政府规定的资金利润率下限，根据其与运营公司协议确定，也可以根据投入的资金以及目标利润，换算出成本利润率。计算如下：

$$OR = TM \times MR \tag{6-31}$$

$$CR = OR / TC \tag{6-32}$$

式中　OR——运输目标利润；

TM——运输总投资；

MR——资金利润率；

CR——成本利润率；

TC——总成本。

另外，铁路线路及铁路运输企业通过营业收入的利润可以体现在企业投资收益率中，对于具有公益性特点的铁路路网公司而言，这种资金利润率可参考国家制定的行业基准投资收益率来计算。基准投资收益率又称最低期望收益率或目标收益率。在我国基准投资收益率属于国家参数，由国家或国家组织各行业进行测算，最后由国家统一发布并定期调整。目前，我国铁路行业基准投资收益率如表6-9所示。

表 6-9 铁路建设项目基准投资收益率

	序号	行业名称	基准投资收益率/%
融资前税前	101	铁路网既有线改造	6
	102	铁路网新线建设	3
资本金税后	101	铁路网既有线改造	6
	102	铁路网新线建设	3

6.4 本章小结

本章是对第 5 章"基于成本导向定价思路主要适用于铁路路网公司提供的列车运行线定价，以及运营在竞争公益性运输任务时，基于成本确定的报价"这一定价思路的具体表述，路网基于成本导向定价，即在政府指导下，将成本加上一定百分率的利润作为运输产品的价格。其基础是铁路路网运输产品成本的计算和利润加成率的确定，主要包括以下内容：

（1）以铁路运输成本以及成本定价方法为核心，简要介绍了铁路运输成本的分类构成，阐述了铁路运行线成本的相关概念；介绍了运输成本的 4 种计算方法，包括实算方法、定期全路（或企业）范围平均成本计算方法、支出率法、作业成本法。

（2）提出了利用作业成本法计算铁路运行线成本的成本导向定价方法，详细阐明了其计算方法和计算步骤。

（3）针对作业成本法计算铁路运输成本，利用具体算例验证其可操作性和有效性。

（4）概述了成本利润的定义及计算方法。

第7章 基于竞争导向的定价方法 ——以运营为例

　　网运关系调整后的运营公司是市场竞争的直接参与者，承担着为运输消费者（旅客和货主）提供优质服务、设计并提供符合市场需求的运输服务产品、促进铁路运输行业快速良好发展和各运输行业公平有序竞争的职责。其铁路运营产品定价应遵循以市场为主体的原则，充分发挥市场在资源配置中的决定作用，促进企业良好参与市场竞争、实现合理经营利润，以满足行业长久发展，国家适当调控的需要。

　　因此笔者认为，当铁路运营公司出售具有商业性特点的、具体的铁路运输服务时，对铁路运输价格基于竞争导向制定，并逐步放开，采用企业自主定价是可行的。

　　运输竞争导向定价法是基于对运输市场竞争现状的正确认识进行定价的方法。运输竞争导向定价方法适用于存在多个竞争者的运输市场。竞争导向定价方法的优点在于，面对运输市场不同的竞争程度和其他竞争者的定价能对自身定价进行调整以适应现状，维持其在运输市场中的市场占有率；缺点在于，制定运价时一般往往不太注重固定成本，最终可能导致定价低于平均成本，影响运输经营和企业简单再生产。

　　本章基于效用理论，考虑价格因素影响下的各运输方式的综合效用，提出基于运输分担率的运输方式竞争定价和基于博弈论的竞争导向定价方法 2 种定价方法，并分别详细阐述了其运用的基础理论、模型构建过程。另外，还根据铁路运输企业在市场中的定位和市场分担率目标推算运输价格。

7.1 运营竞争形势分析

7.1.1 不同运输方式间的竞争

我国国内运输市场中最为常见的 3 类客货运输方式是铁路运输、公路运输、航空运输。3 种运输因其各自的特点，在市场运输竞争中各有优势和劣势。

7.1.1.1 公路运输

公路运输主要是用汽车运送旅客或货物、服务社会大众、具有商业性质的活动。公路旅客运输包括城市公交、旅游客运、私家车和包车客运，公路货物运输则以"门到门"物流服务为主。随着我国公路建设的迅速发展，公路交通运输网的不断完善，公路运输逐渐成为服务范围最广、承担运量最大、运输组织最灵活、运输产品最丰富的运输方式，货物和旅客的运输量也快速增长。

1. 公路运输的竞争优势

（1）灵活性强、货物的损耗低、运送速度快。

公路运输可实现点对点运输，不需要转运或反复装卸搬运。其可以充分利用覆盖全国各地的路网到达其他运输方式不能达到的地方，且在时间上也更灵活，与铁路、民航等运输方式衔接顺畅。旅客出行时主要靠公路运输来完成交通方式的转换。

（2）建设投入资金低，修建公路的材料和技术相对于其他运输方式易解决，社会渗透程度高。

（3）适应性强、便利快捷、容易获得、更贴近人们的生活。

一般情况下，公路运输可以将旅客或货物从出发地运送至目的地，实现"门到门"运输。

2．公路运输的竞争劣势

（1）运输能力相对其他运输方式小，运送的货物和旅客比较少。

在各种运输方式中，单个汽车运量是远小于一列铁路列车运量和一架民航飞机运量的。

（2）运输货物或旅客耗费能源多，导致运输成本增加，不适合远距离运输。

公路运输成本远高于铁路运输，公路运输单位能耗是铁路运输的5.3 倍。

（3）劳动生产率低，单位运输成本相对比较高，不适合大批量运输。

由于汽车牵引力及载运体积有限，较难运送特殊大件物资，不适宜运输大宗和长距离货物。

（4）公路建设占地多，随着人口的增长，两者的矛盾会极大地增加。

（5）容易发生事故，易污染环境。

高速公路交通事故是各种交通方式中事故发生率最高的一种交通方式。另外，高速公路汽车车辆所排放的一氧化碳、氮氧化物等汽车尾气严重污染空气，给社会环境带来极大的污染。

因此，公路运输主要承担短距离、小批量，适合在内陆地区运输短途旅客、货物，可以与铁路、水路联运，为铁路、港口集疏运旅客和物资，可以深入山区及偏僻的农村进行旅客和货物运输。在远离铁路的区域从事干线运输，从而降低运输成本。

7.1.1.2　航空运输

随着经济建设的迅猛发展，社会生活节奏不断加快，航空运输业得到了前所未有的发展。民航运输总量尤其是客运量逐年增长，国内航线增多，运输能力得到了增强，民航运输取得了很大进展。

1．航空运输的竞争优势

（1）航空运输的运行速度快，可极大地节省运输时间。

这是航空运输最大的优势，民航飞机的飞行时速通常为 500 ~ 1 000 km，且相距距离越长，优势就越明显。旅客选择出行方式时，越来越重视交通方式的旅行速度，这样可以大大缩短旅行时间；同时，对于一些对时效性要求高的紧急、鲜活类货物等，航空运输具备极大优势。

（2）航空运输的基建成本相对较低。

发展航空运输业，从设备条件方面，只需购置飞机和修建机场。与修建铁路和公路相比，只要相对距离足够长，则其建设周期短、占地很少、投资少、见效快。

（3）旅客运输舒适性高，并且安全性较高。

现代喷气式客机的飞行不受低气流的影响，平稳舒适，机内有娱乐餐饮等设施，使乘客拥有较高的舒适性。同时，随着科学技术的日益更新，尤其是航空科学技术的进步，以及对民航飞机的严格要求和对空中交通管制设施的改进，民航运输的安全性得到了极大提高。

（4）机动性能好，几乎可以飞越各种天然障碍，可以到达其他运输方式难以到达的地方。

飞机在空中飞行，相对于铁路运输、公路运输，受航线条件限制较小，不受地面地理条件的影响。民航运输可以根据客流量的大小，在客运量大的城市间增加航班班次，以满足客运运输需求，这一点就比较灵活。此外，航空运输还担当救援、救急等特殊任务，它已成为不可或缺的运输手段。

2．航空运输的竞争劣势

（1）运输成本高，价格贵。

其运输成本比铁路和公路运输成本高。飞机票价中要额外附加机场建设费和燃油附加费。飞机票价比较高，适合于商务出行。

（2）运输极易受天气影响，经常延飞。

飞行活动要受到天气条件的限制，如遇紧急事故不易处理，易造成损失。所以航空运输会出现延班、晚点现象，准时性受到影响。

（3）飞机和飞机场占地面积大。

（4）所具有的运输速度快的优势在短途距离运输中难以发挥作用。

一般情况下，航空运输适用于长途客运，运输距离越长对航空运输越有利。

综合来说，航空运输主要承担追求高时效性的旅客出行或货运运输，其运行速度快，舒适便捷，但运输成本高，易受自然条件影响。

7.1.1.3　铁路运输

铁路运输是客货运列车在固定的重型或轻型钢轨上行驶的运输方式。铁路运输是一种最有效的已知陆上交通方式。铁路运输设施主要包括铁路线路、站场和附属设施 3 部分，是构成陆上运输的 2 个基本运输方式之一。铁路交通运输在整个运输领域中占有重要的地位，并发挥着愈来愈重要的作用。

1．铁路运输的竞争优势

（1）铁路交通运输的运行速度快、运行能力大，具有巨大的运送能力。

铁路的运能取决于发车频率、速度和定员（或载重）。普通旅客铁路每一列可载运旅客 1 800 人左右；铁路货物列车载重则根据采用的货车类型及编组情况确定，并且连货带车不得超过机车牵引总重。高速铁路的最小发车间距远远小于普通铁路、民航运输的发车间隔。武广高速铁路平均发车间隔为 30 分钟左右，高峰期可达 15 分钟一列，平均列车定员 1 000 人。多班次、高速度和较高的定员使高速铁路的运送能力与其他交通工具相比，具有较大优势。目前，我国高速铁路在货物运输方面尚未形成固定化、班次化的货运车次，高速铁路承担的运输活动仍为旅客运输。铁路运输承担的客流量及货流量是巨大的。而在高速度、大运量的我国交通体系的发展要求下，未来高速铁路运送能力大的优势也将在我国得到充分的发挥。

（2）铁路运输的运输成本相对较低，耗费能源较少。

我国普通铁路单位运输成本仅为公路运输的 1/15，是民航运输成本的 1/28。

（3）铁路运输过程受自然条件限制比较小，连续性强，能保证全年不中断运行。

（4）运输到发时间准确性高，计划性强，比较安全准时。

铁路运输全年运行，有可靠的行车设施设备和铁路规章制度。随着采用先进的技术和完善的规章制度，铁路运输的安全性越来越高。

在所有交通方式中，铁路运输的安全性最高，事故发生率最低。

（5）通用性能好，既可运送旅客又可运送各类不同货物商品。

（6）火车运行平稳，安全可靠，并且比较环保。

与其他运输方式相比，铁路运输对生态环境的污染程度最小，尤其是电气化铁路影响更小，消除了大量废气污染物。公路运输、民航运输和铁路运输 3 种运输方式对环境的污染水平，如表 7-1 所示，从表中可以看出，铁路运输的污染程度远低于其他运输方式。全球环境污染日益严重，我国北方雾霾也很严重，各国都应该致力于绿色交通方式的发展，高速铁路无疑引领现代绿色交通方式的发展潮流。

表 7-1　各种运输方式对环境的污染水平

项目	公路运输	民航运输	铁路运输
CO	1.260	0.510	0.003
NO_X	0.250	0.700	0.100
HC	0.100	0.240	0.001
CO_2	111	158	28
SO_2	0.003	0.005	0.100
PM	0.010	0.010	0.020

资料来源：Amano. K, M. Fujita, *A Study on the Regional Efficiency of Improving Transportation Facilities*, Privately printed in the Department of Transportation Engineering, Kyoto University, Japan, 1968.

2．铁路运输的竞争劣势

（1）初始建设投资高，并且建设周期长。

（2）营运缺乏弹性，因为调度等候，会存在列车的晚点延误风险。

（3）只能在固定线路行驶，灵活性差，必须与其他运输方式配合衔接。

综上所述，铁路运输由于受气候和自然条件影响较小，且运输能力大，在运输的经常性和低成本性占据了优势，再加上有多种类型的车辆，使它几乎能承运任何商品，几乎可以不受重量和容积的限制，而这些都是公路和航空运输方式所不能比拟的。

7.1.1.4 各运输方式综合比较

铁路、公路、航空 3 种运输方式的优缺点如表 7-2 所示。

表 7-2 各种运输方式优缺点比较

	优 点	缺 点
铁路	运行速度快、能力大、安全平稳、运距大、成本低、污染小	投资高、建设周期长
公路	机动灵活、能"门到门"运输、投资少、资金周转快	运量小、持续性较差、成本高、能耗高、污染大、安全性低
航空	运输速度快、灵活、舒适、安全、基本建设周期短、投资少	运输成本高、运价高、受天气条件限制、运量小、在短途运输中难以发挥优势

7.1.2 铁路货运企业与物流企业间的竞争

传统的物流企业按照资本属性可以分为 3 类：① 外资跨国快递巨头，如联合包裹速递服务公司（UPS）、敦豪航空货运公司（DHL）等；② 国有快递企业，如中邮速递物流有限责任公司（以下简称"中邮物流"）、民航快递有限责任公司（以下简称"民航快递"）等；③ 民营快递企业，如顺丰速运（集团）有限公司（以下简称"顺丰速运"）、上海申通物流公司（以下简称"申通快递"）、圆通速递有限公司（以下简称"圆通快递"）等[98]。

相比顺丰速运、UPS 等物流快递巨头，铁路货运存在取派网点不足，信息化、自动化程度低等劣势。

（1）取派网点不足。截至 2015 年 12 月，铁路快运在全国 224 个城市设点，而顺丰速运在国内 300 多个大中型城市均设有业务网点。取派网点的差距更显著，以北京为例，铁路快运取派网点有 17 个，而顺丰速运则有 800 多个。

（2）信息化程度低。在快递行业中，UPS 信息化程度最高，不仅实现了内部互通，还设计端口与核心大客户进行对接，实现与客户之间的信息共享；而铁路货运在日常运营中，主要依托电话、QQ、微信等非标准化的信息工具，信息传递质量和效率有待提高。

（3）自动化程度低。京东快递位于上海的"亚洲一号"的分拣能力高达 1.6 万件/小时，顺丰速运位于北京的分拨中心的分拣能力为 2 万件/小时，而铁路小件货物运输在集散中心大多采用人工分拣，日分拣能力为 2 500 件，差距明显。

7.1.3 铁路运营竞争形势分析

从运输方式竞争方面分析，与铁路运输方式存在竞争的主要有公路运输、水路运输和航空运输。由于近年来公路运输发展迅速，其货运量长期占到我国货物运输总量的近 80%，市场占有额巨大，与铁路运输业的竞争也最为激烈。随着我国进入全面建设小康社会的新时期，党和国家越来越重视生态文明建设。前一阶段，经济的快速发展伴随着一系列环境问题凸显，其中大气污染便是其中重要的一项，而大气污染有产业结构中重化工业比重过高、能源结构中煤炭占比过多的原因，也与区域交通运输结构不合理有关，特别是公路承担了过多的大宗货物运输。党的十九大明确要求打赢蓝天保卫战，中央经济工作会议又进一步作出部署，要求调整运输结构，减少公路货运量，增加铁路货运量。在一系列"公转铁"的举措下，铁路货运量有所增加，但较之公路运输所占市场份额，铁路还远不能及。

铁路与公路运输占比分析，如图 7-1 所示。

从运输企业竞争方面分析，传统的物流企业大多依靠公路运输实现，只有极少数高端运输产品和跨国物流企业采用航空运输、水路运输。当前，传统的物流企业依靠其高效的机械化、自动化分拣技术，灵活、快捷的公路运输系统，广泛、密布的物流配送点等竞争优势，迅速抢占快递货物运输市场，成为铁路货运企业强有力的竞争者。

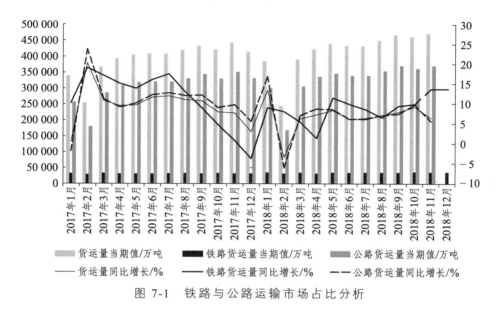

图 7-1　铁路与公路运输市场占比分析

综上所述，铁路运输业最主要的竞争对象为公路运输。由第 6 章可知"路网"公司提供的运输产品为"列车运行线"，其定价的主要对象就是明确列车运行线成本及利润率；而铁路运营公司提供的运输产品主要是"客货运输服务"，因此铁路旅客运营公司的定价对象是客票价格，铁路货物运营的定价对象是以单张货票为单元的整车、零担或集装箱货物，一般不存在整列。其原因在于，铁路运输的主要竞争合作对象是公路，公路从运输能力等技术经济特征来说，其单次运量较为有限，其运输单元一般是几票零担货或一个整车。

7.2　基于运输分担率的竞争导向定价方法

在运输市场中，各类运输方式和运输企业提供着相同的核心产品——位移，但由于运输方式技术经济特性存在差异，各运输企业提供的服务质量参差不齐，使其在运输市场竞争中各自占据优势，因此在对比各运输方式和企业时，可采用一定的属性指标，量化差异或优劣。

运输分担率指某种运输方式或是线路在同一方向各运输方式或线路中所承受的客运量或货运量比例（或运输企业在市场中占有的市场份额），是出行者或货物托运人选择的结果[99]。运输分担率表明在运输需求下各运输方式或企业的综合竞争力的大小，同时与旅客和货主的效用正相关，而运输价格是效用的直接影响因素。换言之，合理的运价能有效提高旅客或使用者的效用，同时效用作用于运输分担率，也能提高市场占有率。因此，研究运输价格与运输分担率的关系对铁路运输企业进行价格的制定起到有效的作用。

结合上述内容，本节将选取部分指标以量化各运输方式的多种属性，将各运输方式总属性指标值综合起来作为运输消费者选择运输方式的依据。之后将基于这种依据采用模型分析各运输方式的市场分担率，实现为运价制定提供依据的核心目的。

7.2.1　基础理论

1．运输方式竞争力影响因素

各运输方式间的竞争力影响因素包括宏观因素与微观因素。

宏观因素包括运输竞争市场所在地区的地理文化环境、气候环境、生产力布局、经济结构、国家政策等。地理文化环境与气候环境影响地区运输方式的建设与市场适应性等；生产力布局与经济结构影响运输通道的形成与市场结构；国家政策影响地区运输方式的未来规划与发展，不同的投资建设力度影响运输方式的供给能力，不同的扶持力度影响运输企业的经济效益等。宏观因素从根本上决定了地区或运输通道内货物运输方式的构成，但由于其影响不易量化分析，在对各运输方式的分担率分析中往往不考虑。

微观因素一般指与各种运输方式的技术经济特征相关的因素，以及在旅客运输中影响尤为明显的出行者特性因素（如年龄、收入、个人习惯等）。运输消费者对运输的需求是多种多样的，在存在多种运输方式可以满足其运输需求时，运输消费者根据自身的具体情况从需求属性的角度对货物运输方式进行选择。各运输方式的技术经济特征直接决定了其在不同的运输需求属性下具备不同程度的优势与劣势，由此影响各运输方式的竞争力。

2．效用与效用函数理论

效用就是决策者对决策后果的一种感受、反应或倾向，是决策者的价值观和偏好在决策活动中的综合反映[100]。在经济学领域里，效用是指人们在消费一种商品或劳务时所获得的一种满足程度。与使用价值不同的是，效用是一种主观感受或者说商品满足人的欲望和需要的能力和程度。如果消费者消费某种物品获得的满足程度高则效用大；反之，满足程度低则效用小。从一般定性分析，效用是人们的价值观念在决策活动中的综合表现，它综合地表明决策者对风险所持有的态度。从定量分析，效用就是对人们的价值观所出现的后果赋以"数值"。这里界定的总效用是指对消费者消费服务的满意程度，即对社会影响的反应程度。正效用是消费者消费服务的正向感受，负效用是消费者消费服务的负向感受，两者的差值即为总效用[101]。

在旅客运输中，个体旅客出行方式选择行为主要指当个体旅客出行时面临着多种出行方式的选择。此时他们对某种出行方式选择的偏好可以用出行方式的"吸引度"或"效用值"来描述。在货物运输中，运输效用指在一次运输服务中托运人获得的有用值或者得到满足的量。因此，效用是运输方式所特有的属性特征以及消费者个体的特性的综合函数。运输消费者在选择交通方式时以总效用最大化为目标，某种交通方式具有多大的效用，取决于其运输服务能多大程度地满足出行者或货主的需求。

分析运输消费者从多种运输方式方案中进行选择的行为，可以通过建立各运输方式的效用函数，即建立将运输方式的服务特性与效用值相联系起来的函数，对供选择的各运输方式进行直观、定量的分析，以便对其优劣进行评价对比。

在分析运输方式选择时，往往采用随机效用理论。随机效用理论认为，效用值由确定项和随机项两部分构成，假设运输消费者有 m 种运输方式可供选择，所有可供选择的运输方式构成选择肢集合 A_m，

共有 n 个被考察的运输属性 X_j，那么对于运输消费者而言，运输方式 i 的效用值的公式如下：

$$U_i = V_i + \varepsilon_i \tag{7-1}$$

式中　V_i——运输消费者通过运输方式 i 获得的效用值的固定值，指可观测到的效用值；

　　　ε_i——由于运输消费者个人偏好不同带来的运输方式效用值的变量值，指由于个人差异带来的随机误差。

效用值的固定值的公式如下：

$$V_i = \sum_{j=1}^{n} \theta_j x_{ij} \tag{7-2}$$

式中　θ_j——第 j 个运输属性的待标定参数；

　　　x_{ij}——运输方式 i 的第 j 个运输属性的值。

由于直接计算各运输属性的待标定参数的取值难度较大、参数之和不为 1，实际操作中往往通过将待标定参数取各属性的权重值以反映托运人对不同运输属性的重视程度值，而将各运输服务属性值进行归一化处理后最终作为属性评级。若运输服务的 n 个属性 x_j 之间互为效用独立，并且效用函数表现为加法独立性，则改进后某种运输方式 i 的效用函数如下：

$$U(A_i) = \sum_{j=1}^{n} w_j r_{ij} + \varepsilon_i \tag{7-3}$$

式中　w_j——属性 x_j 的权重且满足 $\sum_{j=1}^{n} w_j = 1$；

　　　r_{ij}——将运输方式 i 的运输服务属性值 x_{ij} 转换为效益函数属性并进行归一化后的属性评价值。

根据消费者需求理论，作为理性经济人的消费者进行合理的决策是为实现效用最大化，因此运输消费者总是选择效用值最大的那一种运输方式。那么运输消费者从选择肢集合 A_m 中选择运输方式 i 的条件表示为：

$$U_i > U_g (i \neq g \in A_m) \tag{7-4}$$

式中　　U_i、U_g——运输方式 i 和运输方式 g 的效用值。

　　在上述改进后的效用函数（7-3）固定值项中，各运输属性值一般采用简单加法原则，为使参与分析的运输属性更加准确、全面，效用函数固定值项也可采用同时运用加法和乘法原则的广义费用函数代替。

　　广义费用函数指旅客或货物从出发地到目的地所付出的总费用，它不仅包括实际支付的运输费用，还包括期间所花费的时间费用和其他费用的总和。在利用广义费用函数对运输效用固定项进行表示时，各运输属性值应当采用效益费用的形式来表示。

　　运输消费者选择运输方式的决策问题，其实质可归结为"以最小的代价高质量地从出发地到达目的地"的问题。这里的"代价"直观表现为时间和票价等，即广义上的费用，而"高质量"则主要由运输服务属性来体现。交通方式的效用值越大，其被选择的可能性也越大，理性出行者会遵循效用最大化的原则，选择具有最大效用值的交通方式出行。

　　企业定价的方法为综合效用理论法，要在政府指导价的基础上，根据当前铁路市场的具体情况以制定最适合市场发展的运输定价，使其既能满足铁路市场的发展，又能满足企业自身的正常运行。通过相应的效用指标计算，构建综合效用指标特征函数，再根据效用最大化理论构建广义出行费用指数以此制定企业执行价。

7.2.2　运输服务属性指标

　　运输服务属性指标，可以认为是用于量化比较各运输方式属性并作为运输方式竞争力构成的象征，即用于反映效用值。本部分中仅考虑运输方式技术经济特征的部分微观指标。运输服务属性指标的选取原则如下：

　　（1）全面性原则：为了保证运输服务属性指标能全面反映效用值的综合情况，全面考虑运输服务属性指标对旅客选择交通方式的影响。

（2）系统性原则：要分析所有运输服务属性因素，全面反应交通方式给出行者带来的效用，同时也要考虑它们之间的相互关系，力求全面、系统，不出现冗余。

（3）相容性原则：应尽可能避免选择参数指标时出现相同或相近的指标，使运输服务因素效用指标简练，具有概括性和代表性。

（4）可操作性原则：运输服务因素指标应当具有明确的含义，可以进行数据调查获得，同时可用于数学计算分析。此外，所选定的运输服务属性指标在铁路、公路、航空运输 3 种运输方式之间具有可比性。

（5）简洁性原则：选定运输服务属性因素指标应当适量、简洁、有效，尽可能使计算方便。

（6）定性与定量相结合：运输服务因素指标应尽可能定量化，但对于某些较难量化的指标如购票成功率、服务水平等，也可以采用定性化来描述[29]。

1．旅客运输

根据上述基本原则，并对我国各城市间客流情况和各个交通运输方式客运市场的实际情况进行分析，将旅客选择交通方式主要考虑的因素也就是基础指标归纳为快速性、经济性、安全性、舒适性、方便性 5 项。这 5 项指标能全面、有效地反映各种交通方式的特性。

把这 5 项服务属性指标合成总的综合效用值。由于他们具有相对独立性，且可以起到线性补偿的作用，因此采用加法规则加以合并，采用多目标决策法且要考虑各个指标的权重。

（1）经济性。

经济性效用 J 用出行者的客运票价来表示，包括运输市场内各种交通方式的票价和出发城市及到达城市的换乘交通票价。出行者选择第 i 种运输方式的经济性费用表示为：

$$J_i = J_i^{票} + J_i^{A出发} + J_i^{B到达} \qquad (7-5)$$

式中　J_i——出行者从 A 出发到达 B 选择第 i 种运输方式用的所有交通方式的花费总和；

$J_i^{票}$——交通方式 i 的客运票价；

$J_i^{A出发}$——出行者从 A 出发换乘第 i 种交通方式所用交通花费；

$J_i^{B到达}$——出行者到达 B 从第 i 中交通方式换乘其他交通方式的花费。

（2）快速性。

从经济学上来讲，时间所创造的价值即为生产价值，所以对于时间的节省也可以理解为国家生产总值的提高，因此时间是可以用价格来衡量的。由于出行在选择不同运输方式所耗费的旅行时间是不同的，因此这种所耗费的时间也可以用价格来表示[102]。

$$K_i = \text{vot} \times (d_i / v_i) \tag{7-6}$$

式中　K_i——出行者选择第 i 中运输方式所产生的快速性效用；

　　　vot——出行者单位出行时间价值；

　　　d_i——出行者乘坐第 i 种交通方式的运输距离；

　　　v_i——出行者选择第 i 中交通方式的运输速度。

（3）便捷性。

出行者确定第 i 种运输方式为出行方式时，不仅要考虑运输方式 i 运输过程中的耗费，而且还应当考虑出行者在其出发地点到达车站、机场等运输枢纽的时间以及在车站、机场等的排队时间。这些时间消耗反映了不同运输方式的便捷程度，其表达如下：

$$B_i = \text{vot} \times (t_i^{A出} + t_i^{B到} + t_i^{等}) \tag{7-7}$$

式中　B_i——运输方式 i 的便捷性效用；

　　　$t_i^{A出}$——出行者从起点到出发运输枢纽在市内所用的换乘时间；

　　　$t_i^{B到}$——出行者从到达运输枢纽到终点在市内所用的换乘时间；

　　　$t_i^{等}$——出行者选择第 i 种运输方式在运输枢纽内排队等候时间，与进出运输枢纽的便捷程度和发车时间间隔有一定关系。

（4）舒适性。

出行者从出发城市 A 通过运输方式 i 到达目的城市 B 后，要经过一段时间休息进而补充体力的耗费，这种休息的长短性与乘坐的交通工具舒适度有关。由运输方式的舒适度影响转化为费用测度，可以用恢复体力所需时间与平均出行时间价值的乘积来表示。

$$S_i = \text{vot} \times t_i^s \qquad (7-8)$$

式中　S_i——出行者选用第 i 种运输方式的舒适性效用；

　　　t_i^s——出行者选择第 i 种运输方式的恢复体力时间。

（5）安全性。

安全性效用 A 无法用具体的时间和费用来衡量。出行者在选择出行方式时，一般能以确定这种运输方式是安全的为第一出行前提。可以理解为：当满足安全性为高的前提下，其他服务属性才能得以表现，最终使这种运输方式的服务属性达到最大化。所以，安全性效用 A 可以通过与其他运输属总和相乘的函数关系来表达这一运输方式的效用值大小。根据文献所研究内容，安全性系数 A 可以通过这种运输方式以往的事故率大小来确定，如表 7-3 所示。

表 7-3　主要运输方式安全系数表

安全性系数	航空	公路	既有铁路	高速铁路
A_i	0.993	0.936	0.998	0.999

资料来源：根据公开数据整理得到。

2．货物运输

（1）经济性。

托运人选择运输方式获得运输服务以满足自身的货物运输需求，并且支付一定的运输费用。运输费用是托运人为获得运输服务而付出的代价之一。托运人根据货物性质、自身运输需求、对货物运输费用的承受能力选择运费更合适的运输服务，具体表现为运输费用越低选择这种运输方式的可能性越高。货物运价决定了货物运输费用，因此货物运价在运输经济性方面对运输方式的选择造成影响。

运输经济性通常采用运输费用来进行衡量。在考虑货运运价作为影响因素的情况下，运输经济性可以表示为：

$$J_i = R_i \cdot N_i \qquad (7-9)$$

式中　R_i——运输方式 i 的单位运价；

N_i——采用运输方式 i 时货物运输量指标。

运输经济性可以是单位距离运价与各运输方式下货物运输距离的乘积，可以是单位重量运价与货物总重量的乘积等。

（2）快速性。

运输时间是托运人承担的时间成本，也是托运人为获得货物运输服务而付出的代价之一。当运输服务水平相当时，托运人会选择运输时间代价最少的货物运输方式，其他条件相同时运输时间越短，选择这种运输方式的可能性越大。运输快速性体现在运输速度与运输时间等方面。

运输快速性通常采用运输时间、运输速度等指标来衡量。

运输时间包含货物运送时间与附加时间（如装卸搬运时间、货物中转时间、货物仓储时间等），其具体表现形式应根据货物运输服务来确定。快速性用运输时间衡量可表示如下：

$$T_i = t_{运送} + t_{附加} \tag{7-10}$$

运输速度常采用平均速度，即考虑货物停留时间在内计算所得的运输速度，也可根据具体情况对运输速度指标进行定义。

运输快速性还可引入货物转运次数等指标。

（3）方便性。

托运人获得运输服务首先要进行运输业务的办理，运输方便性指托运人办理运输业务的便捷程度。在各运输方式其他条件相当时，运输业务越便于办理选择这种运输方式的可能性越高。

运输方便性体现在很多方面，包括办理业务手续的复杂性、快速性，运输服务的频率，运输赔偿的及时性与力度等。运输方便性是一个不可量化的因素，只能通过对相关因素进行定型化分析得出运输方式便捷性的定性评价值。

由于托运人办理运输业务的便捷程度难以用特定指标表示，通常将其转化为区间标度来进行量化，如表 7-4 所示。

表 7-4　定性等级量化表

定性评价	最差	很差	差	较差	一般	较好	好	很好	最好
量化值	1	2	3	4	5	6	7	8	9

（4）安全性。

运输安全性是承运人对托运人做出的货物运输重要保证，托运人要求货物运输服务完成后货物自身完好。货物出现损坏、缺失等安全问题会对托运人造成利益损害，同时也会降低托运人对承运人的信任程度，影响运输方式的长期发展。运输安全性也是一个不可量化的因素，通常采用运输企业的信誉度、货运事故的发生率、货损赔偿率等定量指标来进行综合定性反映。

承运人一方面需要对运输服务设施进行改进完善来提高运输安全性，做好防护工作，尽量避免货损货差，降低事故发生率；另一方面也要完善事故赔偿规定，在事故发生后及时与托运人沟通并做出合理的赔偿，从事故处理的时间和事故赔偿的力度两个角度提供更具保障的运输服务。

运输安全性效用 A_i 通常采用货物完好率与货损率来衡量，公式如下：

$$A_i = S_i = 1 - D_i \qquad (7\text{-}11)$$

式中　　S_i ——运输方式 i 的货物完好率；

　　　　D_i ——货损率。

运输安全性还可引入货运事故发生率、货物赔偿率等指标来衡量。

（5）运输可靠性。

运输可靠性包含两个方面的含义：一是托运人的运输请求能够随时得到满足的程度即承运可靠性，其由承运人的服务频率所决定，服务频率越高、运输需求越易得到满足，则运输方式的可靠性越高越可能被选择；二是承运人能否将货物按时送达目的地即运输时间可靠性（或即通常所说的运输准时性），其可由货物运输方式的准点率来表示。准点率越高，则运输方式可靠性越高越可能被选择。运输可靠性是托运人选择货物运输方式时考量的一个重要因素，尤其是高附加值的货物对运输可靠性的要求更高。

从承运可靠性方面看，承运人可根据托运人货物需求的增长及时提高货运服务频率，提高运输可靠性；从运输时间可靠性方面看，承运人应当事先对货物运输时间进行估测并做出承诺，除去非不可抗的偶然事件外保证货物的准时运到。运输方式较高的可靠性也会为承运人赢得口碑和信誉，为承运人带来良性影响。

货物运输可靠性包括提供运输服务的频率与运输的准时性两个方面。

对于提供运输服务的频率方面，通常采用各运输方式的发车频率来描述，公式如下：

$$H_i = 1/t_{发车i} \qquad (7\text{-}12)$$

式中　　H_i——运输方式 i 的发车频率；

　　　　$t_{发车i}$——运输方式 i 的平均发车时间间隔。

对于运输的准时性，通常采用运输准点率来衡量。准点率包括出发或到达准点率与运行准点率两个方面。出发准点率指统计期内准点出发的班次数与总出发班次数的比值；运行准点率指统计期内准点到达班次数与总到达班次数的比值。运输准时性可以表示为：

$$O_i = (O_i^D + O_i^A)/2 \qquad (7\text{-}13)$$

式中　　O_i^D——运输方式 i 的出发准点率；

　　　　O_i^A——运输方式 i 的运行准点率。

则运输可靠性可表示为：

$$K_i = H_i + O_i \qquad (7\text{-}14)$$

7.2.3　效用函数构建

1．假设条件

本书做出如下假设：

（1）当某种运输方式的分担率远远小于其他两种运输方式时，可以忽略不计；

（2）假定各种运输方式运能充足，即运输方式可以根据实际运输市场需要及时地调整自己的运力；

（3）各个运输企业有自主制定价格的权利；

（4）理性出行者选择交通方式时遵循效用最大化原则，而不受信息不灵、习惯偏好等因素的影响。

2. 综合效用函数的建立——旅客运输

假设两城市间有 3 种运输方式（以铁路、公路、航空运输为例），旅客出行时即可以选择铁路出行，又可以选择公路出行，还可以选择航空运输出行。用 U_i、U_j、U_k 分别表示铁路、公路和航空 3 种运输方式的综合效用。传统的铁路运输效用特征函数如下：

$$U_i = a_0^i + a_1^i T_i + a_2^i T_0 + a_3^i p_i \qquad (7-15)$$

式中　a_0^i——不可测因素对运输效用的影响程度；

　　　a_1^i、a_2^i、a_3^i——在乘时间、非在乘时间和票价的特定系数；

　　　T_i——在乘时间；

　　　T_0——非在乘时间；

　　　p_i——票价费用。

该特征函数具有以下特点：

（1）特征函数可当成是一种效用值函数，它表示出行者对某种交通运输方式服务属性的可能满意度。

（2）特征函数中各因素的取值是通过调查统计分析，在调查样本的基础上进行回归分析得到的，但在调查统计分析中经常会面临样本量不足的问题，从而影响参数的可靠性。

此外，特征函数中各因素的取值受到区域特性、个人出行特性等因素的影响，降低了其实用性，近年来在进行参数估计时，逐渐发展和运用了基于信息扩散理论的非参数方法。鉴于上述原因，运用运输服务属性综合效用函数来尝试改进特征函数。

运输产品效用值指的是以交通方式的快速性、经济性、安全性、方便性、准时性、舒适性为内涵确定的指标效用值，它是反映出行者价值观念的准则。其采用是因为：① 需要一种能反映出行者主观价值的衡量指标，而且它们能综合衡量各种定量和定性的结果；② 出行者主观价值因人而异，受自身的出行特性而定，因此，效用值是反映同一类价值观的人对交通方式的评价值。将各个运输服务因素指标效用值合并成总的方案可能满意度，即为综合效用值。

本书定义第 i 种交通方式的综合效用函数可表示为：

$$U_i = \frac{\theta_1 J_i + \theta_2 K_i + \theta_3 B_i + \theta_4 S_i}{A_i} \qquad (7\text{-}16)$$

式中　θ_j——各运输属性的特定系数；

　　　J_i、K_i、B_i、S_i、A_i——运输经济性、运输快速性、运输便捷性、运输舒适性与运输安全性参数。

需要说明的是，当各运输服务属性采用不同的指标来代替时，可能出现单位不同不能直接对其数值进行运算的情况。此时可以进行归一化处理，将有量纲的表达式转化为无量纲的表达式。

3．综合效用函数的建立——货物运输

以考虑运输经济性、快速性、准时性、方便性以及安全性 5 大运输属性的效用分析为例，运输方式的广义费用函数具体可表示为：

$$U_i = \frac{\theta_1 J_i + \theta_2 T_i + \theta_3 B_i + \theta_4 K_i}{A_i} \qquad (7\text{-}17)$$

式中　θ_j——各运输属性的特定系数；

　　　J_i、T_i、B_i、A_i、K_i——运输经济性、运输快速性、运输方便性、运输安全性与运输可靠性。

同理，当各运输服务属性单位不同不能直接对其数值进行运算时，可以进行归一化处理，将有量纲的表达式转化为无量纲的表达式。

7.2.4　旅客运输分担率预测模型

分担率预测主要研究出行者在各种运输方式之间进行选择的问题。在发展过程中，主要形成了集计方法和非集计方法 2 大类模型。运输市场分担率能充分地体现运输方式的竞争力，而研究票价与分担率之间的关系，根据运输方式分担率来定价就是运输方式竞争为导向，来确定合理的客运票价。不考虑其他因素时，铁路旅客票价过高，将会使铁路旅客运输的市场分担率降低；票价过低，将使铁路的市场份额大幅度提升，而运营企业的运输能力是一定的，如此可能影响旅客

运输服务质量，使之反作用于铁路旅客运输分担率。因而需要研究制定合理的运价，使铁路旅客运输分担率维持在较为均衡的状态。

旅客运输中集计模型与非集计模型的区别，如表 7-5 所示。

表 7-5　集计模型与非集计模型的区别

项　　目	集 计 模 型	非 集 计 模 型
调查单位	个体出行	个体出行
分析单位	小区	个人
因变量	平均值	离散值
自变量	不同的小区数据	不同的个人数据
标定方法	回归分析等	最大似然法等
适用对象	特定区域	任意
数据表现	区域平均值变化发生、吸引分布	个人自变量的变化出行频度
研究内容	交通方式划分路径分配	出行方式选择路径选择

7.2.4.1　集计方法

1．分担率曲线法

转移曲线是根据大量的调查统计资料绘出的各种交通方式的分担率与其影响因素间的关系曲线，利用转移曲线可直接查出各交通方式的分担率。

转移曲线是从调查观测的数据经统计计算得到的。选择不同交通方式的比例是由出行者的收入、公共交通个人交通的出行时间比、费用比、服务水平比等参数决定的，方式选择比例在坐标系上用曲线表示出来。

转移曲线法在国外交通方式预测中广泛使用，具有使用方便的特点，但要绘制转移曲线却非常困难，需要进行大量的交通调查，还需对收集到的数据进行处理分析。与此同时，转移曲线是根据当前的调查资料绘制的，只能反映影响因素变化相对较小的情况。由于我国交通方式众多、影响因素很复杂，要绘制全面反映各种交通方式间客流量转移关系的转移曲线，所需要的调查资料十分庞大，因此，我国不宜采用转移曲线法来预测交通方式分担率。

2．函数模型法（回归分析法）

函数模型法的基本思想是，以各种交通方式的分担率为因变量，以影响分担率变化的因素的特性值为自变量，利用回归分析方法，建立交通方式划分函数模型[17]。当自变量为 1 小时，可以简单地通过图形来表示，类似于分担率曲线。该方法不能保证所有交通方式的分担率之和为 100%，为了使全方需要通式分担率合计值为 100%，需要通过比例分配等方法加以调整。同时，分担率 P 需要满足 $0<P<1$ 的条件，为此常用的满足该条件的分担率函数形式有以下 3 种，计算公式如下：

$$P = a \times \exp(-bx) \tag{7-18}$$

$$P = 1 - c / \left[1 + a \times \exp(-bx) \right] \tag{7-19}$$

$$P = ad^{-x} \tag{7-20}$$

其中，a、b、c、d 为系数，可以通过个人出行调查的结果确定。而 x 为自变量，可以取为距离，交通方式之间的距离比或时间比等影响分担率的因素。

但是，函数模型法的一个突出优点是，只要有必要，就可以将许多个自变量引入模型中。因此，要想发挥其优点，应不拘泥于式（7-18）和式（7-19）的函数形式。利用多元回归分析方法分析多变量函数的分担率模型为线性回归模型是选取影响出行方式选择的各因素中显著相关的而且相互之间近似独立的因素作为自变量，再用线性回归的方法来标定系数，公式 7-21 如下：

$$P_i^k = b_0^k + b_i^k x_{i1} + \ldots + b_j^k x_{in} \tag{7-21}$$

式中　P_i^k——分区 i 的第 k 种运输方式出行量；

$\quad\quad x_{ij}$——分区 i 在规划年的 j 因素预测值；

$\quad\quad b_j^k$——第 k 种运输方式的 j 因素回归系数。

可运用 x_{ij} 现状调查数据或回归分析获得。

函数模型法是建立在大量现状调查资料的基础上的。应用线性回归模型时因为各种方式的分担率与模型中的影响因素的关系不一定是线性的，而非线性回归模型描述各种运输方式与单个影响因素之间的关系，并且每个因素对模型的影响是否是通过简单的相加就能体现，也很难分析得出，因此函数模型法也存在一定的缺陷。

3. 重力模型的转换模型

重力模型的阻抗函数转换成交通方式的阻抗，则可得出如下形式的重力模型的转换模型式：

$$T_{ijm} = P_i \frac{A_j I_{ijm}^{-b}}{\sum_j \sum_m A_j I_{ijm}^{-b}} \qquad (7\text{-}22)$$

式中　T_{ijm} ——交通 i 区到交通 j 区，第 m 种交通方式的交通量；

I_{ijm} ——交通区 i、j 之间交通方式的阻抗；

P_i ——交通区的交通产生量；

A_j ——交通区的交通吸引量；

b ——待定系数。

模型中待定系数 b 的标定，是根据现状调查资料，采用试算等解法进行拟合确定的。在模型结构上，它仍存在与重力模型相同的问题，即当阻抗趋近于零时，交通量趋于无穷大。

4. 集计方法的缺点

集计模型主要有以下几个缺点：

（1）为了保证建立集计模型的精度，需要进行大规模的交通调查，收集大量的数据资料，这些调查工作都比较困难且需耗用大量的经费。

（2）不能充分利用出行者特性和交通方式选择之间的密切关系，数据收集和处理困难且利用率较低。

（3）建立集计模型的数据只能在一段时间某个特定区域内有效，拓展性和移植性差，可重复利用度低。

（4）集计方法一般不包含反映运输服务水平的变量，无法就运输服务水平与运输需求的相互关系进行讨论。

7.2.4.2　非集计方法

相比较于集计模型，非集计模型具有样本量小、预测精度较高等优点。目前使用的非集计模型包括：Probit 模型和 Logit 模型。其中，Logit 模型假定效用的概率变动项服从相互独立的 Gumbel 分布；Probit 模型假定概率变动项服从多元正态分布[103]。

非集计模型假定作为行为决策单元的个人（或家庭、某种组合）在一个可以选择的、选择方式是相互独立的集合中，会选择他认为对自己来说效用最大的交通方式。这一假定被称为效用最大化行为假说。效用最大化行为假说是所有非集计模型的理论基础，也是所有非集计模型都必须服从的前提条件。详细介绍与构建效用函数见第 5 章。

交通方式选择问题也是交通市场划分问题。对于一定规模的交通市场，某种交通方式被选择多了必然导致其他方式被选择减少，但交通方式之间也不是完全对立的，存在着相关或弱相关性，不同的交通方式之间也有程度可变的部分可替代性，也就是说各种交通方式之间、组成效用项的各因素与选择项之间的交叉弹性是变化的（称为"柔性"）[104]。因此，个体的效用随机项之间不是相互独立的，随机项也不应为同一分布。完全取消效用随机项独立同分布的假定可以消除。特性带来的偏差和选择概率仅取决于效用差的情况，这类问题由模型来进行研究。

1．Probit 模型

假设效用函数服从正态分布，就可以构建 Probit 模型。它适合于只有 2 个交通方式的选择方案，此模型对 2 种方式之间的选择是适用的，而应用于多种方式的选择则非常难。故在讨论竞争激烈的运输方式中一般不采用。其详细的表达方式如下：

$$P_i = \frac{1}{\sqrt{2\pi}} \int_{-\infty}^{Y_i} \exp\left(\frac{-t^2}{2}\right) \mathrm{d}t \qquad （7\text{-}23）$$

式中　Y_i——2 种方式特性的线性函数值的差。

2．Logit 模型

Logit 模型假定随机部分满足两重指数排列，所以当样本数量充分多，而且数据存在靠近两重指数排列，并且 Logit 模型还具备较大的弹性、较强的适用性、易于说明等优势。

（1）BNL 模型。

BNL 模型是在两个选择项之间选择的基本模型，其他类型模型法多从此模型发展而来[105]。推导方法省略，其表达方式如下：

$$P_1 = \frac{\exp(bV_1)}{\exp(bV_1) + \exp(bV_2)} \tag{7-24}$$

式中　V_1、V_2——旅客选择第 1 种和第 2 种运输方式分别所获得的效用；

b——参数。

（2）MNL 模型。

当把选择项的个数从 2 个推广到多个时，就推导出了多项选择的 Logit 模型，记为 MNL 模型。多项 Logit 模型形式如下：

$$P_2 = \frac{\exp(bV_1)}{\sum_{j=1}^{J} \exp(bV_j)} = \frac{1}{\left[1 + \sum_{j=1}^{J} \exp(bV_j - bV_i) \right]}，\ i = 1, 2, \cdots, J \tag{7-25}$$

MNL 模型是非集计模型中较为成熟、应用较为广泛的模型之一。

3．非集计方法的优点

（1）依据少量的交通调查数据就可以确定模型中的参数，这样节约了交通调查工作量和调查费用；

（2）模型结构简单、建模方便、操作简单；

（3）模型可选择多项与出行方式决策相关的因素作为变量，从而可以对交通政策等提出意见；

（4）非集计模型是根据出行者的交通方式选择行为建立起来的，因此，在一定程度上模型移植适用性较强。

综上比较 2 种分担率预测模型，考虑到模型当备选运输方式变为 2 种以上时 Probit 模型的局限性，本书选择多项模型来进行客运分担率预测。

7.2.5　货物运输分担率预测模型

由于在本书 7.2.4 节旅客运输分担率预测模型中对分担率模型有着详细的介绍，因此本节主要对货物运输方式分担率分析可采用的模型进行阐述，不再对其他模型方法进行详细介绍。

1．多项 Probit 模型

多项 Probit 模型主要用于分析无次序分类数据。它是根据概率选择理论中最大随机效应准则定义的，其分类变量用服从多元正态分布的潜在变量来表示。广义的多项 Probit 模型的定义如下：

假设有 n 个个体，每个个体可以从 m 个选项中进行选择，且设第 i 个个体的多项观察变量 $W_i = (W_{i1}, W_{i2}, \cdots, W_{im})'$ 用潜在变量 $Y_i = (Y_{i1}, Y_{i2}, \cdots, Y_{im-1})'$ 表示如下：

$$W_{ij} = \begin{cases} I(y_{ij} > 0, y_{ij} = \max\{y_{ik}\}) & (j = 1, \cdots, m-1) \\ I(y_{ik} \leqslant 0, \forall k) & (j = m,) \end{cases} \tag{7-26}$$

$$Y_i = X_i \beta + \varepsilon_i \tag{7-27}$$

式中　$I(\cdot)$ ——示性函数；

　　　X_i ——$(p-1) \times k$ 的说明变量矩阵；

　　　β ——$p-1$ 维的固定效应；

　　　ε ——随机误差，且服从 $N(0, \psi)$，ψ 是 $(p-1) \times (p-1)$ 的协方差矩阵。

多项 Probit 模型的似然函数表示为：

$$L(\beta, \psi) = \prod_{i=1}^{n} \prod_{j=1}^{m} p_{ij}^{w_{ij}} \tag{7-28}$$

式中　p_{ij} ——第 j 个个体选择第 i 项的概率，满足 $p_{ij} > 0$，$\sum_{j=1}^{m} p_{ij} = 1$，且有

$$p_{ij} \propto \int \exp\left(-\frac{1}{2}(y_i - X_i\beta)'\psi^{-1}(y_i - X_i\beta)\right) I(y_{ij} > 0, y_{ij} = \max\{y_{ik}\}) \mathrm{d}y_i$$

$$（7\text{-}29）$$

多项 probit 模型参数进行极大似然估计时，似然函数表达式比较复杂且极难处理，需要结合相关的估计方法来进行计算。

Probit 模型建立在效用随机项的联合密度函数服从多元正态分布，对于多种运输方式选择情况下运输方式选择概率的计算较为困难，在一般用于货物运输方式分担率计算中不常采用。

2．Logit 分担模型

Logit 模型假设效用值中的随机项服从二重指数分布，是运输方式分担率模型中最常用的离散选择模型。简单来说，Logit 模型中托运人 k 从 m 个可供选择的运输方式方案中选择第 i 种运输方式的概率可推导为：

$$p_{ij} = \frac{\exp(V_{ik})}{\sum\limits_{i \in A_m} \exp(V_{ik})}$$

$$（7\text{-}30）$$

式中　V_{ik}——可供托运人 k 选择的运输方式 i 的效用函数固定项；

　　　A_m——可供选择的运输方式的选择肢集合。

模型的具体定义与概率计算的推导过程在此不进行详细介绍。

3．Influ-Logit 分担模型

Influ-Logit 模型是对一般 Logit 模型的改进，适用于仅考虑 2 种可供选择的运输方式方案的选择。模型最终托运人 k 从 m 个可供选择的运输方式方案中选择第 i 种运输方式的概率可推导为：

$$p_{ij} = \frac{\exp(V_{ik})}{\sum\limits_{i \in A_m} \left[\exp(V_{ik}) + \exp(V_{gk})\right]}$$

$$（7\text{-}31）$$

式中　V_{ik}——可供托运人 k 选择的其中一种运输方式 i 的效用函数固定项；

V_{gk}——可供托运人 k 选择的另一种运输方式 g 的效用函数固定项。

7.3　基于博弈论的竞争导向定价方法

网运关系调整后，成立了若干客货运输公司，并逐步进行股份制改造，充分参与市场竞争，由此脱离铁路长期垄断的运输经营模式，市场成为资源配置的决策者，各运输企业通过合理合法的竞争渠道追求企业自身利益最大化，符合市场竞争的基本特征。本小节用博弈论方法对铁路票价制定和消费者购买行为进行经济学分析，提出基于博弈论的竞争导向定价方法。

7.3.1　博弈论概述

博弈论又称对策论，是运筹学的一个重要学科，也是经济学的标准分析工具之一[106]。它主要研究 2 个或更多的决策主体，在决策相互制约并影响各自收益的情况下做出决策分析。

博弈的一般过程：参与者（或局中人）确定自己的收益函数，在充分考虑竞争对手们可能采取的策略下不断调整自身策略，最终力图达到自身利益最大化。博弈论假设所有的决策主体都是理性的，他们都追逐利益最大化，每一位参与者对其所处环境和其他参与者的行为具备正确认识和预测。

博弈主要分为合作博弈和非合作博弈。其区别在于，相互作用的参与者之间是否存在一个具有约束力的协议（或沟通合作），若有则为合作博弈，没有则为非合作博弈。

7.3.2　博弈论的构成要素与均衡

1．参与者

在一个博弈中具有决策权的参与者（或称为参与人）都是局中人，

一局博弈中至少应具备 2 个及以上的参与者。只有 2 个参与者的博弈称为"2 人博弈"，多于 2 个参与者的博弈则被称为"多人博弈"。参与者可以是个人、组织、企业、国家或它们构成的群体[107]。博弈中的 n 个参与者共同构成如下参与者集合：

$$N=\{i \mid i=1,2,\cdots,n\} \qquad （7-32）$$

2．策　略

策略是博弈的参与者可以选择的行动。博弈论中每个参与者都有可以自由选择的、实际可行的、全套的行动方案，每一个这样的完整的方案被称为一个策略。为了在博弈中不受人摆布，一个参与者往往会选择多个方案（或策略）。

由 m 个方案组成的方案集合如下：

$$A = \{a_j \mid j=1,2,\cdots,m\} \qquad （7-33）$$

构成参与者 i 的策略空间（即可供参与者选择的所有策略的集合）为：

$$S_i=\{s_{ij} = a_j \mid j=1,2,\cdots,m\}, i=1,2,\cdots n \qquad （7-34）$$

最终参与者 i 选择的策略为：

$$s_i=s_{ij} \in S_{ij}, i=1,2,\cdots,n; \ j=1,2,\cdots,m \qquad （7-35）$$

所有 n 个参与者选择的策略组成一个策略组合，即组成了博弈中的一组局势：

$$(s_1,s_2,\cdots,s_n) \qquad （7-36）$$

3．收　益

博弈中得到的结果称为收益，是指在一个特定的策略组合下各个参与者得到的效用[108]。收益不仅与参与者本人所选择的策略有关，还与其他参与者同时选择的策略有关，即与整个策略组合紧密相关。一组局势组合只对应一组博弈结果，这个博弈结果是所有参与者利益的体现。

一般收益函数可以表现为某种具体量值，也可以表现为某种效用如幸福感、满意感等。收益函数的结果正负均可，是参与者的判断依据。

在某组策略组合 $(s_1, s_2, \cdots, s_n)$ 下，参与者 i 的收益表示为：

$$p_i = p_i(s_1, s_2, \cdots, s_n) \tag{7-37}$$

4．纳什均衡

如果存在一组策略组合满足：对于 n 个参与者中的任何一个参与者而言，该策略都是该参与者针对其他参与者所选择的策略组合的最优反应（即这个策略组合由所有参与者的最优策略构成），那么这个策略组合就是这个博弈问题的最优解，也即该博弈的纳什均衡，或称为非合作博弈均衡。此时，博弈中每个参与者选择的策略最优，往往不会有参与者存在单独改变策略的冲动，因而使该策略组合维持均衡状态。纳什均衡的数学描述为：

各因素组成一个博弈，表示为：

$$G = \{S_1, S_2, \cdots, S_n; p_1, p_2, \cdots, p_n\} \tag{7-38}$$

对于每一个参与者 i，s_i^* 是针对其他 $n-1$ 个参与者所选择的最优策略组合 $s_{-i}^* = (s_1, s_2, \cdots, s_{i-1}, s_{i+1}, \cdots, s_n)$ 所反映的参与者 i 的最优策略，那么应满足以下公式：

$$p_i(s_i^*, s_{-i}^*) \geqslant p_i(s_i, s_{-i}^*), i = 1, 2, \cdots, n \tag{7-39}$$

$$p_i(s_i^*, s_{-i}^*) \geqslant p_i(s_i^*, s_{-i}), i = 1, 2, \cdots, n \tag{7-40}$$

对 S 中所有 s_i 都成立，那么策略组合，表示为：

$$s^* = (s_i^*, s_{-i}^*) \tag{7-41}$$

式（7-41）则称为博弈 G 的纳什均衡。

7.3.3　一种运价的 2 人博弈模型

1．模型的基本假设

（1）模型基于 2 人博弈进行建立，即该定价模型仅考虑铁路运输与另外一种运输方式的博弈情况。

（2）2个参与者处于完全竞争状态且它们之间为非合作博弈。

（3）博弈过程中不考虑固定成本，仅仅考虑边际成本。其固定成本对决策的影响通过两者初始定价来体现。

（4）参与者以各自产品的定价作为决策变量，每个参与者的定价都会对其他参与者的决策产生影响。

2．决策变量与博弈收益函数

基于上述假设，令 p_1 和 p_2 为铁路运输企业与其他运输企业的市场价格，D_i 为两者的市场需求量，c_i 为两者的边际成本。

模型中参与者各自的需求函数 D_i 可表示为：

$$\begin{cases} D_1 = d_1 - b_1(p_1 - p_2) \\ D_2 = d_2 - b_2(p_2 - p_1) \end{cases} \tag{7-42}$$

式中，d_i、b_i、r_i 为常数，是其他影响需求函数的市场因素在模型中的反映，其各自取值可根据市场中的历史数据进行标定。

在不考虑固定成本的假设前提下，两者的利润函数可以表示为：

$$\begin{cases} E_1 = (p_1 - c_1)[d_1 - b_1(p_1 - p_2)] \\ E_2 = (p_2 - c_2)[d_2 - b_2(p_2 - p_1)] \end{cases} \tag{7-43}$$

对上式求导可以得到边际利润函数，表示为：

$$\begin{cases} \dfrac{\partial E_1}{\partial p_1} = d_1 - 2b_1 p_1 + b_1 p_2 + c_1 b_1 \\ \dfrac{\partial E_2}{\partial p_2} = d_2 - 2b_2 p_2 + b_2 p_1 + c_2 b_2 \end{cases} \tag{7-44}$$

由于当前铁路系统组织特性决定了其对市场占有率的重视，提高市场占有率带来的运量提升可以提高铁路设施设备的运用效率，增加利润。该模型将市场占有率也作为收益函数的组成部分。在运输需求一定的情况下可用需求函数 D_i 对两者的市场进行衡量。同时，引入 ω_i 代表参与者 i 对边际利润的看重程度，$0 < \omega_i < 1$，ω_i 越大说明参与者越注重边际利润而相对不注重市场占有率。

3．博弈描述

（1）参与者集合，表示为：

$$N=\{i \mid i=1,2\} \tag{7-45}$$

其中参与者之一为铁路运输企业。

（2）策略集，表示为：

$$S_1=\{p_1\}, \quad S_2=\{p_2\} \tag{7-46}$$

（3）收益函数，表示为：

$$P_i=f(p_1,p_2)=\omega \times E_i+(1-\omega)D_i \tag{7-47}$$

（4）均衡条件。

根据纳什均衡条件可得，本模型均衡解应满足式（7-48）、（7-49）。

$$P_i^*=f(p_1^*,p_2^*) \geqslant P_i=f(p_1,p_2^*) \tag{7-48}$$

$$P_i^*=f(p_1^*,p_2^*) \geqslant P_i=f(p_1^*,p_2) \tag{7-49}$$

4．模型总结

该模型基于非合作博弈的基础上描述了在 2 人博弈环境下、完全竞争市场中，以多名参与人的产品市场定价为决策变量的铁路运输定价模型，较为直观地反映了铁路运输与运输市场中另外一个参与者在博弈过程中的价格竞争，为基于竞争导向的铁路运输定价方法提供了思路和借鉴经验。其不足之处在于，首先该定价模型只针对完全竞争市场中的铁路运输与其他运输竞争企业，其适用范围是有限的；其次，模型在以价格为决策变量的基础上着重考虑了市场占有率追求程度和边际成本的影响，没有引入其他定价影响因素，模型较为简单。

7.4 铁路运价浮动机制

市场需求不断波动持续影响市场中的供需关系，铁路运输企业在与其他运输方式竞争时也必然面临差异化的竞争关系和市场目标。为保证运价灵活适应这种市场供需关系以及竞争关系的变化，有效保障运输企业的市场占有率，在企业确定具体运价水平后，可进一步根据市场状况与自身经营情况自主确定一定时期内基于该具体运价的上、下浮动运价水平。因此，采用运价浮动机制，是一种促进运输企业适应市场，充分发挥市场主体作用，扩大市场份额的运价策略。

运价浮动包含运价上浮与运价下浮。运价上浮指在企业合理运力范围内为实现企业收入最大化进行的运价上调；运价下浮指在运输成本和现行运价范围内根据市场状况进行运价下调。由此可以看出，运价的上浮与下浮都有一定的限度。

7.4.1　运价浮动的必要性

1．适应市场竞争及需求

在铁路运输受到国家及政府严格管制时，运价不能根据市场情况进行动态调整，与具备灵活自主定价权利的其他运输方式的运输企业在同市场竞争时将受到极大的冲击。引入运价浮动机制，能够保证运输企业不断根据市场供需及竞争企业状况调整运价，增强铁路运输企业的竞争力。

2．扩大市场份额

伴随着多方竞争的引入、各种运输方式运能的大幅增强等，运输市场逐渐成熟，市场逐渐由卖方市场转变为买方市场。运输价格在影响企业经营效益的同时也是运输营销的重要手段。引入运价浮动机制可以帮助铁路运输企业运用价格优势参与市场竞争，保持和扩大运输市场份额。

3．满足社会福利最大化

当全国铁路采用统一运价作为价格标准时，铁路运价无论是否受到运输市场的影响都难以进行有效的回应，抑制了铁路运输参与市场竞争的内在动力和活力，降低了企业采取市场化经营手段的能力。引入运价浮动机制，铁路运输企业在与市场竞争对手博弈时会自觉地提供较低的运价，以刺激运输需求、增加企业收益，由此实现社会福利最大化。

7.4.2　运价浮动的可行性

1．国家政策走向

自 2013 年铁路实行"政企分开"改革后，铁路运输定价领域推出的一系列改革措施都反映了运价浮动机制的有效性和可行性。以铁路货物运输为例，早在 1999 年我国铁路货物运输定价中就采用了运价浮动机制，放开了铁路局运价下浮的自主权；"政企分开"改革后，在 2015 年开放了国家铁路运价在基准价上浮不超过 10%，下浮仍不限的路局自主浮动范围，2017 年 12 月上浮范围再次放宽调整为上浮不超过 15%。

2．科学技术不断发展

信息科学技术的发展引导了大数据技术在各行业中的应用，铁路经营管理信息化的加强，为铁路运输企业积累了大量的内外部统计数据。进入大数据时代的铁路运输企业具备一定的资料基础与技术条件，也促使企业不断加强和完善日常数据的收集及细化工作。这种外在技术的加持能帮助铁路运输企业更好地了解运输需求与市场变化，为运价制定提供有力支撑。

3．世界各国改革经验的参考

世界铁路发展具有一定的一致性，实现了铁路运输现代化与市场化改革的其他国家都经历了运输价格从严格管制到逐步放松，最后完全市场化的运营。我国作为铁路经营管理体制改革较为缓慢的国家，有大量可以从世界其他各国改革经历中借鉴的经验教训，采用运价浮动机制也具备更多可供参考的案例。

7.4.3 运价浮动的主要形式

（1）协议价格：铁路与运输消费者签订协议，协议期内执行固定的协议价格。其中，发、到站接取送达费用以协议签订当日所在运输企业费用为标准。

（2）固定浮动比例：按照市场价格给出固定的浮动比例，协议期内执行浮动的议定运价。

（3）量价捆绑浮动：按照不同运量给予价格浮动比例，运量越大浮动比例越高。

（4）运量梯次浮动：根据月度梯次设定浮动比例，按具体运量情况给予梯次浮动。

（5）运程梯次浮动：根据运输距离给予梯次浮动比例，根据运价里程确定浮动幅度，距离越长浮动比例越高。

（6）部分运输方向浮动：对回空方向及向运输能力较不紧张地区等特定方向的运输服务价格给予浮动。

（7）淡旺季差别浮动：针对运输淡旺季区分浮动比例。

7.5 本章小结

本章是对第 5 章中"基于竞争导向的定价方法主要适用于铁路运营企业提供的具有商业性特点的运输服务产品的定价"这一定价思路的具体表述，主要内容如下：

（1）对比分析了铁路、公路和航空 3 种运输方式各自的竞争优势和劣势，以及铁路货运企业与传统物流企业间的竞争优势和劣势，明确了铁路运输的市场竞争对象主要为公路运输。

（2）提出了基于运输分担率的运输方式竞争定价和基于博弈论的竞争导向定价方法 2 种定价方法，并分别详细阐述了其运用的基础理论、模型构建过程。

基于运输分担率的运输方式竞争定价利用效用与效用函数理论，考虑价格因素影响下的各运输方式的综合效用,建立分担率预测模型,根据铁路运输企业在市场中的定位和市场分担率目标推算运输价格。

基于博弈论的竞争导向定价方法以博弈论为理论基础，构建了完全竞争市场下的铁路价格博弈模型，较直观地反映了铁路运输与运输市场中另外一个参与者在博弈过程中的价格竞争，但适用范围有限。

（3）详细论述了铁路运价浮动机制，提出运价浮动机制是保障铁路运输企业适应市场及竞争、保持和扩大运输市场份额、实现社会最大化福利的必要内容，并概述了当前运价浮动机制的可行性与主要形式，为企业制定市场化的执行价格提供了补充和参考。

第8章　对我国铁路运输定价机制的探讨

基于我国铁路"路网宜统、运营宜分、统分结合、网运分离"的网运关系调整趋势，第6、7章分别以路网和运营为例阐述了基于成本导向定价及基于竞争导向的具体定价计算方法。本章主要梳理了"网运关系"调整前后的铁路运输定价机制改革的思路，提出了加强铁路运输定价改革的保障和监管机制，并就铁路运输定价机制改革提出具体的建议。

8.1　网运关系调整前后铁路运输定价思路对比

与世界其他国家相比较，我国铁路运输定价机制发展改革进程仍较为缓慢。铁路运价市场化应当是一个循序渐进的过程，从政府严格管制到实现市场化的调节必然存在机制的转换和过渡过程，这也是当前我国铁路运输定价机制所处的阶段，因此，实行定价机制改革应当步骤性地进行转换。在不断深化铁路货运定价机制改革的过程中，可以将改革进程划分为两个阶段，即"网运关系"调整前阶段与"网运关系"调整后阶段。

8.1.1　网运关系调整前运输定价的主要特点

（1）定价主体与定价权限归属：定价权主要集中在国家政府，运输企业具备一定的运价调整权限。

（2）运输市场状态：综合运输体系发展较为完善，相关设施设备建设与线路布局基本成型，各运输方式的运输供给较为充足，铁路运输企业不再具备在运输市场中进行垄断经营的条件；运输市场逐步由卖方市场转变为买方市场，运输需求不断多样化，对运输服务的要求不断提高。

（3）定价要求与目标：铁路运输在承担社会责任、满足社会发展与经济建设需要的同时逐步向适应市场方向发展，实现刺激运输需求、扩大铁路运输企业市场占有率、调动社会各类资本的引入；运输价格为受到国家管制的运价，建立合理的运价上下浮动机制和多样化的运价形式，追求运输企业运量与收入的最大化。

（4）定价方式：此时尚未实现"网运分离"，以基于运输成本制定基础价格即政府指导价为主，考虑竞争关系与市场供需进行运价浮动，上限不高于国家政策规定的最高运价，下限不低于铁路运输企业的短期变动成本，并坚持量大从优、增量增效的原则；仅针对具备充分竞争条件的部分铁路运行线路或铁路运输服务产品，在满足国家宏观调控政策法规下开放企业自主定价权限。

8.1.2　网运关系调整后运输定价的主要特点

（1）定价主体与定价权限归属：铁路路网公司因其具有公益性特点，虽其具备定价主动权，但定价仍应受国家监督和管制，针对竞争较为激烈的运行线，路网公司对价格调整的空间更大。铁路运营企业针对日常提供的商业性运输服务，拥有完全自主定价权，可自行制定并调整运价；国家政府包括相关主管部门仅对运价的制定过程（包括成本核算）与组织实施过程进行监督审查，针对公益性运输，运营企业基于成本导向提出报价，通过竞争取得运输权。总之，在"网运关系"调整后，无论是路网公司还是运营公司都拥有更多的定价自主权。

（2）运输市场状态：运输市场完全市场化，各运输方式、各运输企业间的竞争与博弈最为激烈；铁路路网公司以优质低廉的价格出售铁路线路使用权限；铁路客、货运企业利用定价自主权结合市场状况与自身经营灵活制定并调整运价，努力降低成本、稳定运输市场份额、追求企业利润最大化；多样化的投融资体系帮助铁路运输企业缓解经营压力。

（3）定价要求与目标："网运关系"调整后，由于"网""运"两方面的铁路相关企业，其战略定位、发展目标、在社会经济发展中承担的作用各不相同，应分类定价。其中，"网"更多体现公益性，其定价应采用政府指导制定利润加成率下限、企业自主制定协商的形式，制定的价格应能保证路网公司长期稳定的发展；"运"更多体现的是商业性，其定价应充分考虑市场竞争，采用基于竞争导向的企业执行价，制定的价格应符合市场化特点。

（4）定价方式：良好区分具有商业性特点与公益性特点企业的运输价格机制政策；针对商业性领域，为维护运输市场公平竞争和铁路运输企业的市场化经营，国家不再直接干预铁路运价制定，仅不断完善规制宏观调控政策与运价形成的监督审查；铁路客、货运公司基于竞争关系制定和调整运价，同时反映市场供需、优化企业资源配置。运价浮动的目的在于实现社会福利最大化、运输企业利润最大化等合作共赢，浮动上下限以及运价调整周期更加灵活。

8.1.3　网运关系调整前后分类定价的基本思路

在我国铁路网运关系调整前，全路采用网运一体化运输经营模式，由于铁路运输在综合交通运输体系中占有极其重要的地位，且长期以来依靠国家补贴维持稳定扩张，其定价很大程度上受到国家的管控。

现阶段采用的网运一体化经营模式使铁路运输定价机制缺乏灵活性，难以在与其他运输方式的竞争中取得优势，因此铁路运输定价机制改革已成为全面深化铁路改革进程中一个急需解决的问题。

在深化我国铁路运输国有企业改革的过程中，"路网宜统、运营宜分、统分结合，网运分离"是我国铁路网运关系调整的趋势。铁路"网"和"运"具有不同的技术经济特点，其战略定位、发展目标、在社会经济发展中承担的作用各不相同，应分类定价。

本书基于网运分离这一网运关系调整趋势为背景，提出的分类定价基本思路如图 8-1 所示。

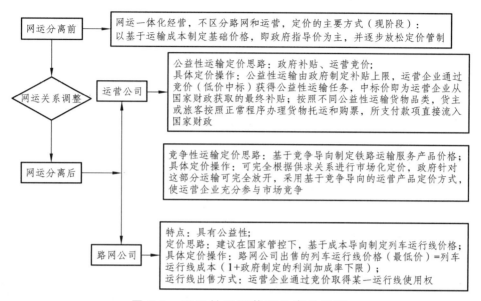

图 8-1　网运关系调整后的定价思路

8.2　深化铁路运输定价改革的保障机制

运价作为铁路运输市场的直接参与者，对运输企业的发展具有重要影响，通过合理定价可以调整企业在运输市场中的形势，故铁路运输定价机制改革是全面深化铁路改革的关键问题之一。但铁路运输网络结构复杂，体量庞大，运价改革措施推行阻力大，层层推进执行，其结果难以有效控制，因此笔者认为全面深化铁路定价机制改革的保障监管机制十分必要。只有完善铁路运输定价改革工作保障机制，才能推进铁路运价改革各阶段工作的有序进行。

8.2.1　加强顶层设计

铁路运输定价机制改革是一个复杂且漫长的过程，需要综合考虑铁路企业、消费者、社会和国家的各项利益。为了综合协调各方利益，提升铁路行业在运输市场的竞争力，急需由国家层面做出统筹规划。

8.2.2 加强法律保障

从国外铁路运输及国内其他运输方式定价机制改革的实践来看，其运价改革的各个阶段都有明确的法律、法规、规则、规定等保障运价改革顺利进行。

目前，我国有关铁路运输价格制定的法律、法规和规章已不适应铁路运价改革、发展的需要，主要表现在几个方面：一是价格制定立法较为滞后，且目前没有一套较为完整的关于铁路价格制定的法律规范体系，促进铁路定价机制改革有序、规范、依法进行；二是现有《中华人民共和国铁路法》和《中华人民共和国价格法》关于运价制定内容需要修改或者进一步完善，以满足新形势下铁路改革与发展的需要。

我国铁路应尽快建立一套完善的与市场经济体制接轨的价格法规体系，其中主要是加紧制定反价格垄断、价格歧视等不正当价格竞争行为的一系列法律法规。同时，必须尽快做好《中华人民共和国铁路法》的修改工作，从法律上明确运价制定方法、原则、权限、程序等问题，这样才有助于铁路企业组织形式吸引投资。

8.2.3 加强价格监管

当前我国对于运价监管方面还存在一些缺陷：如监管手段的缺失，致使当前运价制定削弱，甚至忽略了市场需求与市场竞争等因素；经济监管缺乏，对于铁路企业间交易监管、铁路与客户间交易监管、价格关系等方面没有较高的承担起责任等。因此，急需加强铁路价格监管，保障铁路行业各企业、消费者、社会和国家的综合利益。

1．国外铁路价格监管

实行灵活有效的经济监管、实行分类监管，是国外多国铁路的重要经验。美国以监督管理的内容为划分标准，实现不同监管机构监管不同的内容，其中地面运输委员会对运价监管的主要方式是控制其最高运价（天花板价）不能超过合理范围；日本铁路运价为运输大臣认可制，只要运价满足其构成为合理的成本加一定的利润、不对特定的旅客和货主给予歧视性待遇、不使铁路运输需求者负担困难、不与其他铁路企业发生恶性竞争等条件即可获得认可[108]；从欧洲铁路的经验来看，铁路运价的定价可依据市场规律，辅以政府部门监督，两者共同作用实现兼顾企业营利性与铁路公益性。国外铁路履行价格监管职能的监管机构及价格监管制度概况，如表8-1所示。

2．改善铁路价格监管

长期以来，我国铁路客、货运输票价主要由国家铁路局与国家发改委（部分还涉及地方政府）制定并监管。专栏8-1则具体反映出国家发改委对推动价格机制改革做出的指导。

表8-1 国外铁路价格监管机构及价格监管制度

国家	铁路价格监管相关机构	机构简介与价格监管制度
美国	美国地面运输委员会（STB）	原美国州际商务委员会撤销后于1996年成立的独立监管机构，直接向总统负责，与运输部没有直接隶属关系。主要针对美国铁路进行经济监督，在运价监管方面的职责包括：如核定铁路公司的运价是否合理，受理有关运价问题的投诉等。美国1976年颁布实施的《铁路复兴和规章改革法》和1980年颁布实施的《斯塔格斯铁路法》规定铁路运输公司可以根据市场状况在法定范围内自由确定价格，在此基础上，货运公司还可以单独与货主自由协商确定单次运输价格。对铁路运输公司定价的行为由规制机构监督，如果有违反公平竞争的定价行为，则由规制机构给予最高限价的规制
英国	铁路监管办公室（ORR）、运输部铁路属（Department of Transport Rail Group）	铁路监管办公室相关职责包括铁路经济监管与对政府相关部门的监管、强化行政审批等较为具体的监管工作；运输部铁路属相关职责包括监督新路网公司和铁路运营公司控制成本提高绩效改进管理的较为宏观的监管工作

续表

国家	铁路价格监管相关机构	机构简介与价格监管制度
日本	国土交通省及下设机构	国土交通省是日本的中央省厅之一，在相关监管方面主要负责按标准审批铁路旅客和货物的运价和费用。运价监管上，日本实行运价上限价格认可制，即铁道运输者在决定或者变更客货运运费及其他收费的上限金额后，报请国土交通省认可，在国土交通省认可的上限范围内由运输者自己决定，然后再报请国土交通省备案

【专栏 8-1】 国家发改委：价格改革——站在新起点，开启新征程

近日，国家发展改革委出台了《关于全面深化价格机制改革的意见》（以下简称《意见》）。其出台的背景是，截至目前，《中共中央国务院关于推进价格机制改革的若干意见》（中发〔2015〕28 号）所提出的 2017 年阶段性改革目标已经顺利实现，竞争性领域和环节价格基本放开。为贯彻落实党的十九大精神，实现中发〔2015〕28 号文件所确定的 2020 年改革目标，国家发展改革委适时出台《意见》，提出了"到 2020 年，市场决定价格机制基本完善，以'准许成本＋合理收益'为核心的政府定价制度基本建立，促进绿色发展的价格政策体系基本确立，低收入群体价格保障机制更加健全，市场价格监管和反垄断执法体系更加完善，要素自由流动、价格反应灵活、竞争公平有序、企业优胜劣汰的市场价格环境基本形成"的主要目标。它既是对未来 3 年价格机制改革的系统谋划和全面部署，也是今后一个时期我国价格改革的行动方案，充分体现了新时代对价格改革的新要求。

⋯⋯⋯⋯⋯

毋庸置疑的是，价格改革对激发市场活力、增强发展动力、保障改善民生发挥了积极作用，但价格改革的重任依然未竟。比如，制约资源要素自由流动的体制机制障碍还没有完全消除，资源环境成本在价格形成中还没有充分体现等。而要解决这些问题，就必须以习近平新时代中国特色社会主义思想为指导，通过全面深化价格机制改革来

实现。《意见》所强调的在价格改革中，要牢牢把握坚持的五项基本原则：坚持市场规律、坚持问题导向、坚持改革创新、坚持保障民生、坚持统筹推进，既是党的十九大精神的充分体现，也是十八大以来改革工作经验总结的集中体现。

国家发展改革委有关负责人表示，《意见》出台后，各级价格主管部门将围绕充分发挥市场决定价格作用，推动构建现代化市场体系，更好地满足人民日益增长的美好生活需要，聚焦垄断行业、公用事业和公共服务、生态环保、农业、涉企收费、市场价格监管、民生保障等 7 个方面。记者从国家发展改革委日前召开的全国价格系统电视电话会议上了解到，价格改革工作将重点突出以下 4 个方面：

一是突出垄断行业和公共服务价格改革。政府定价制度改革，需要政府进行有效监管，强化成本约束，提高供给质量和效率。总的思路是"管住中间、放开两头"，深化电力、天然气、铁路货运等垄断行业价格改革。加快推进公共服务价格改革，放开竞争性环节价格。要区分基本和非基本服务，重点要管好基本服务的价格，对非基本服务的价格，要更多地发挥市场机制和市场价格的调节作用。对政府保留定价的环节，建立健全以"准许成本＋合理收益"为核心的科学、规范、透明、灵活的政府定价制度。

…………

四是突出公平竞争市场环境的营造。要严格行政事业性收费管理，清理规范经营服务性收费，建立政府定价收费目录清单制度，并向社会公开，营造有利于实体经济发展的收费环境。要全面实施公平竞争审查制度，推进反价格垄断执法常态化、精准化，加强和创新价格监管，维护市场价格秩序。

…………

资料来源：https：//mp.weixin.qq.com/s/nlsxtutul7veot8vc4tilg。

政府的价格监管包括价格水平监管、价格行为监管两类：① 价格水平监管是一种特定监管，主要是对相关领域商品、服务价格水平进行限制；② 价格行为监管是一种普遍监管，是对微观经济主体在市场

竞争中采取的价格行为进行规范和限制，主要包括价格标示行为监管、价格垄断行为监管[65]，价格行为监管通过对价格垄断协议、滥用市场支配地位价格行为的监管，达到促进市场竞争的目的，主要通过立法进行硬性约束，并设立相应的监管机构，提高监管效率。

铁路定价机制改革新形势下，可通过以下方式改善铁路价格监管：

（1）国家发改委作为主要参与铁路运输价格监督审查的综合监管机构，应严格控制和监管铁路运输成本的核算，建立科学的定价体系，加强和创新价格监管。

（2）完善铁路价格监管可立法先行。修改完善《中华人民共和国铁路法》，结合我国定价机制与《中华人民共和国价格法》相关条例建立健全铁路运价监督管理法律法规，以实现全面部署。

（3）合理处理铁路政策主管部门与铁路监管机构间的关系。在运价监管等经济型监管方面可集中于专业性的监管机构，而将社会性监管职能交由社会综合监管机构如国家发改委承担。值得一提的是，我国财政部也应同时制定科学、合理的铁路运输公益性补偿机制，并针对铁路公益性运输服务亏损补贴资金实行监督检查，进一步促进我国铁路运输价格尤其是公益性线路或运输产品价格的制定和推行①。

（4）逐步放松经济型监管，进一步促进铁路运输领域市场化，培育并平衡多元化的市场竞争主体。

（5）区别可竞争环节与具有自然垄断性质的环节，采取不同的价格监管措施和监管方式。强化分类监管概念，针对不同铁路运输企业遵循的不同运输定价机制，也应当对运价监管的侧重角度有所区分。对于具有自然垄断性的铁路业务领域，如路网领域，价格水平监管就成为政府监管的主要内容，在实行定价受政府指导价限制的定价机制下运价监管应重点对企业成本核算进行监审，加大信息公开力度和政策透明度；对于具有市场竞争性的铁路业务领域如运营领域，价格行为监管则是主要内容，在实行企业自主制定企业执行价的定价机制下运价监管应重点对企业准许收益、最高限度价格以及价格执行情况进行管控，不对在限定范围内的具体运输价格进行规制等。同时，应注

---

① 具体内容可见"铁路改革研究丛书"之《铁路监管体制研究》。

重价格水平监管与价格行为监管之间在目标、方式上的有效协调，实现促进市场竞争、维护公共利益的共同目标。

8.2.4 加强市场调查

铁路运输企业价格策略基于准确充分的市场调查，具体有以下几个途径：

（1）建立专业的市场调查团队。铁路运输企业与下级站段分别成立专门的市场调查机构，组织专门人员，制定专业办法，定期对市场价格进行调查。该种方式便于对市场调查人员进行管理，但对人员的专业性要求较高，需长期的社会实践与培训。

（2）雇佣专业公司进行市场调查，通过专业的市场调查公司进行价格调查。该种方式得到的数据真实性较高，也节省了大量的人力及物力，但同时需要大量的调查资金。

（3）其他信息渠道获取价格信息。通过互联网网站、公共数据平台等其他渠道获取市场价格数据。该种方式得到的数据真实性不够切实，但相对其他方式能更加快捷简便地获取价格信息。

在进行市场调查时，应充分借助互联网平台、大数据共享，建立数据筛选、分析的数据模型和数据分析系统，推算出相对精准的数据。具体有以下三种方式：

（1）建立手机 APP 数据录入终端，通过相应奖励机制，发动社会各行各业力量提供点到点的公路、水路价格信息，通过系统数据分析比对，对在合理区间的数据，给予提供者一定的奖励，鼓励有关人员提供准确有价值的价格信息。

（2）参照公路、民航、水运、国家发改委、统计局相关货物运输价格指数，作为铁路货运价格的参考。

（3）组织相关科研单位、高校建立相关数学模型，建立数据比对分析系统，对第三方收集到的价格数据进行分析，比照多渠道调查出的数据，最终提炼出科学合理、精准的公路价格，便于作为各铁路局集团调整供货价格的参照依据。

8.3　本章小结

本章首先基于我国铁路网运关系调整前后两个不同时期，将我国铁路运输定价机制改革发展过程划分为过渡时期与完全市场化时期两个阶段，并简述了在两个阶段中的定价权归属、市场状况与定价要求，提供了基础性的运价改革思路。本书主要以"网运关系"调整趋势为背景，研究我国铁路定价机制的改革措施。其次提出了深化铁路定价机制改革的保障机制，包括加强顶层设计、加强法律保障、加强铁路价格监管、加强市场调查等四项保障铁路运价改革成果的措施。

第 9 章 结论与展望

9.1 主要研究结论

（1）通过对比分析国外铁路运输、国内其他运输方式的定价体系发展历程及现状，总结得出了我国铁路运输定价机制进行改革的宝贵经验。

国外铁路运输定价体系研究的启示：① 以市场化导向定价，建立多层次票价体系；② 区分运输的营利性和公益性的性质，分类定价；③ 放松运价管制。

国内其他运输方式运价体系研究的启示：① 立法先行，引领定价机制改革；② 实行市场化、灵活性定价；③ 区分营利性和公益性运输，分类定价。

（2）我国现有铁路定价机制存在多方面的问题。在运价形成机制方面，运价不能反映运输供求关系、难以适应市场竞争变化、无法体现区域经济发展水平的差异；在运价构成体系方面，铁路客运市场细分不足难以满足多样化的运输需求，铁路货物运输建设基金等杂费构成以及运价号和货物品类的划分存在不合理性；在运价管理方面，铁路运输政府职能与企业权责划分不够清晰，定价主体扭曲等。这些问题制约了当前我国铁路运输企业实现资源配置优化、企业经营活力增强、公平参与市场化竞争和社会福利与企业收益的最大化。

（3）企业作为市场主体，可以并且应该根据市场供求以及竞争关系进行定价以获取最大的利益。国家不是市场主体更不应是定价主体，国家规制的主要目的在于满足社会经济建设发展和保障市场有序竞争。以成本作为国家参与运价管制的依据，以基于成本导向的定价方法制定政府指导价，在逐步步入市场化运输定价机制的过渡期间是现实可行的；以竞争关系为主，以市场供需、运输服务属性等为辅的竞争导向定价方法制定企业市场执行价，在进入完全市场化定价阶段是有效可行的。

（4）实现成本导向的定价，可采取作业成本法作为成本计算方法。铁路运输企业应该强化日常经营统计工作，加强铁路信息技术应用，完善内外部清算，以帮助铁路运输企业进行运营成本测算、铁路政府指导利润率下限的制定以及运输企业其他经营决策。

（5）实现铁路运输企业市场化的定价机制。在运价形成机制方面，应改变单一的以成本导向为主的定价方式，建立发展多样化的运价体系和运价形式。在运价构成体系方面，应在丰富现有运价形式的前提下简化调整运价构成和计费规则，同时调整铁路现行投融资管理体制缓解铁路运输经营的压力。在运价管理体制方面，应分步确立铁路运输企业定价主体的地位，逐步扩大、放开企业自主定价权并以法律条例作为有力保障，明确划分运价放松的定价领域；不断明确铁路运输政府职能与企业权责的区分；建立健全运价约束机制，强化国家在严格、高效、公开的运价监审方面所扮演的职责；建立健全运价综合评价调整机制，强化铁路企业在精确化、信息化、差异化的自主定价方面扮演的职责。

9.2　研究展望

本书仅作为"铁路改革研究丛书"中的一本，旨在研究总结铁路运价制定历程与方法，提出了"铁路公益性部分采用成本导向定价，铁路商业性部分采用竞争导向定价"的铁路运输定价机制改革思路，并从管理机制角度提出改革设想和建议，以供参考。

但由于笔者能力有限，尚有不成熟之处，有待深入研究，主要列举如下：

（1）本书仅在"分类改革、分类发展、分类监管、分类定责、分类考核"的思想基础上，考虑我国铁路"网"以公益性为主、"运"以商业性为主的差异，但是路网公司管理的列车运行线的公益性和商业性如何具体划分，本书尚未深入研究，且针对公益性运输设置的补贴力度等内容也有待完善。

（2）本书以铁路网运关系调整为背景，分别提出路网公司的定价对象是列车运行线，而运营企业的定价对象是铁路运输服务产品。但具体如何进行定价操作等内容，本书尚未体现，还有待进一步研究。

（3）在具体定价体系中，铁路运输各价格等级间定价的比价关系，铁路运输与其他运输方式定价的比价关系等，本书未进行详细探究。

（4）在不同运输市场中，如何通过分析、预测确定运价制定和调整的周期等问题，本书未进行详细探究。

（5）在铁路运输内部，铁路运输企业定价机制与铁路公益性机制、投融资体制、成本规制以及在中长期债务处置间的相互关系和具体作用也需要进一步研究。

参考文献

[1] 王子约. 铁总夺回高铁定价权 供需将成票价重要决定因素 [EB/OL]. 搜狐网.（2016-02-22）[2019-01-25]. https://www.sohu.com/ a/59867805_119536.

[2] 周晓. 香榭·麓园项目投资效益评估[D]. 长沙：湖南大学，2012.

[3] 张南，朱传耿，刘波. 我国沿海港口发展与布局研究综述[J]. 中国航海，2008（2）：170-175.

[4] 宁婧. 铁路客货运输价格制定办法的制度化研究[D]. 北京：北京交通大学，2008.

[5] 崔朝晖. 铁路货物运价改革相关问题研究[D]. 成都：西南交通大学，2007.

[6] 吴文娟. 客运专线运价制定方法研究[D]. 成都：西南交通大学，2007.

[7] 陆菁. 部分旅客列车票价实行政府指导价方案公布[EB/OL]. 中国广播网.（2002-02-15）[2019-01-25]. http://www.cnr.cn/financial/ cjkx/200201140219.html.

[8] 庄震. 股份制铁路定价方法与定价模型研究[D]. 北京：北京交通大学，2007.

[9] 杨晟. 我国铁路债务相关问题研究[D]. 上海：同济大学，2000.

[10] 刘颖恒. 我国铁路货运运价改革与定价策略研究[D]. 长沙：中南大学，2009.

[11] 林燕扬. 铁路货运定价模型研究与系统实现[D]. 北京：北京交通大学，2014.

[12]　王燕．网络型产业价格规制模式改革研究——以我国铁路业为例[D]．北京：北京交通大学，2007．

[13]　傅选义．铁路运输经济的若干问题[J]．北京交通大学学报（社会科学版），2016，15（1）：1-10．

[14]　刘晓娟．铁路货运高端产品体系设计及定价研究[D]．北京：北京交通大学，2015．

[15]　国家发展改革委．国家发展改革委关于深化铁路货运价格市场化改革等有关问题的通知[EB/OL]．（2017-12-14）[2019-01-25]．http：//zfxxgk.ndrc.gov.cn/web/iteminfo.jsp?id = 2949．

[16]　汪帆．铁路货物运输定价问题研究[D]．成都：西南交通大学，2016．

[17]　王江涛．运输通道客运分担率预测模型及应用研究[D]．成都：西南交通大学，2011．

[18]　邓启华．铁路集装箱运输经济效益浅析[D]．南昌：华东交通大学，2007．

[19]　林媛春．浅议铁路运价体制改革[J]．中国集体经济，2011（25）：51-52．

[20]　郭宗杰．深化改革背景下价格法修订的若干问题研究[J]．政治与法律，2015（8）：75-86．

[21]　邓小琴．基于产业组织理论的我国物流业绩效研究[D]．石河子：石河子大学，2012．

[22]　李英粉．农产品质量安全中道德风险产生的原因及对策研究[J]．商业经济，2014（24）：13-14＋19．

[23]　李贤祥．信息不对称、市场结构和劳工标准移植[D]．杭州：浙江大学，2015．

[24]　张东敏．基于结构可靠指标的结构优化研究[D]．邯郸：河北工程大学，2014．

[25]　宗小波．竞争导向的铁路客票定价研究[D]．成都：西南交通大学，2014．

[26]　何德权．运输价格理论及其定价模型的研究[D]．成都：西南交通大学，2000．

[27] 王红梅. 城市轨道交通的运营管理研究[D]. 北京：北京交通大学，2007.

[28] 陈东明. 广梅汕铁路货运营销策略与实践研究[D]. 长沙：中南大学，2008.

[29] 王亚红. 基于 Logit 模型的城市轨道交通票价制定方法研究[D]. 北京：北京交通大学，2007.

[30] 范涛. CPE 北京分公司发展战略研究[D]. 天津：天津大学，2005.

[31] 孙建鸿. 我国铁路运输营销信息咨询系统的实施[J]. 铁道运输与经济，1999（7）：33-34.

[32] 苏章彦. 潮州电信在转型期的市场营销战略研究[D]. 北京：北京大学，2006.

[33] 杨洋. 铁路客运专线票价制定问题研究[D]. 北京：北京交通大学，2008.

[34] 武颖娴. 客运专线的系统动力学定价方法研究[D]. 北京：北京交通大学，2007.

[35] 黄欢. 基于系统动力学的公路客运定价方法研究[D]. 成都：西南交通大学，2010.

[36] 李佰城. 铁路大众货物运价制定研究[D]. 成都：西南交通大学，2015.

[37] 肖华斌. 基于票价的铁路客运营销策略[D]. 成都：西南交通大学，2000.

[38] 崔伟. 高速铁路客运定价理论与方法研究[D]. 兰州：兰州交通大学，2013.

[39] 马刚. 提高我国铁路行业竞争力路径分析[D]. 北京：对外经济贸易大学，2004.

[40] 王勇. 铁路运输价格制定方法研究[D]. 北京：北京交通大学，2007.

[41] 丁胜春. 道路客运企业营运线路市场机会评估研究[D]. 长沙：长沙理工大学，2007.

[42] 刘玉敬. 基于旅客出行选择行为的高铁客票定价方法研究[D]. 北京：北京交通大学，2015.

[43] 孙燕. 基于作业成本法的铁路客运票价制定与研究[D]. 兰州：

兰州交通大学，2014.

[44] 孙元霞. 公共交通票价模型研究[D]. 武汉：华中科技大学，2008.

[45] 王双平. 对加强铁路客运成本控制的思考[J]. 新经济，2016（6）：127-128.

[46] 张玥. 区域铁路货运差别定价研究[D]. 成都：西南交通大学，2014.

[47] 陆桂芬. 我国铁路货运定价模型研究[D]. 北京：北京交通大学，2013.

[48] 武中凯. 深入推进铁路货运组织改革若干问题研究[D]. 成都：西南交通大学，2014.

[49] 孟祥春. 美国铁路的货运与客运[J]. 理论学习与探索，2008（4）：72-75.

[50] 王冬松. 美国铁路运价概况[J]. 铁道知识，2001（5）：12-13.

[51] 张俊玲，马军海，马苓. 完善我国铁路客运运价体系的几点建议——借鉴英、日等国的做法[J]. 价格理论与实践，2009（9）：35-36.

[52] 李传翔. 我国铁路运输企业的客运运价形成机制及价格策略研究[D]. 成都：西南交通大学，2005.

[53] 谢晓凌. 日本铁路票价政策对我国铁路的启示[J]. 铁道运输与经济，1998（7）：5-6.

[54] 贾光智. 国外铁路客运运价管理演变及启示[J]. 综合运输，2012（9）：67-70.

[55] 吴云云. 德国铁路客运定价机制及票价体系[J]. 综合运输，2011（1）：71-73.

[56] 高小珣，陈娅娜. 德国联邦铁路公司（DB）基础设施定价体系研究[J]. 综合运输，2015，37（4）：89-95.

[57] 吴迪. 英国铁路旅客票价体系与特点[J]. 中国铁路，2009（2）：71-73.

[58] 张冬生. 美国铁路运价考察[J]. 综合运输，2001（6）：32-34.

[59] 祝继常，李丹明，贺振中. 美国铁路货运发展战略[J]. 中国铁路，2001（2）：44-46＋53.

[60] 汤银英，李青林，李泽文. 我国铁路货物运价研究综述[J]. 交通运输工程与信息学报，2017，15（4）：102-107.

[61]　王晓刚. 德国铁路客运票价管理模式分析[J]. 中国铁路，2015（6）：105-106.

[62]　张玉静. 道路旅客运输价格机制研究[D]. 西安：长安大学，2007.

[63]　崔萌萌. 我国高速铁路运价形成机制研究[D]. 北京：北京交通大学，2014.

[64]　刘晓菲，东朝晖，余静. 关于我国铁水联运价格体系的思考[J]. 中国港口，2014（4）：16-18.

[65]　罗伟丽. 国内航空客运价格管理政策研究[D]. 成都：西南财经大学，2005.

[66]　国家计委，交通部. 国家计委、交通部关于全面放开水运价格有关问题的通知[EB/OL].（2001-03-06）[2019-01-25]. http：//www.gov.cn/gongbao/content/2002/content_61944.htm.

[67]　张起花. 运用价格杠杆平衡三方权益——交通运输部道路运输司副司长徐亚华解读汽车运价新规[J]. 运输经理世界，2009（9）：34-37.

[68]　刘俊杰. 基于"公商分离"的铁路改革对策研究[D]. 成都：西南交通大学，2011.

[69]　林治华. 经济转型条件下铁路旅客运价若干基本问题的研究[D]. 上海：上海交通大学，2002.

[70]　任志慧，王丽. 中国铁路推出"乘意险"保费 3 元最高获赔 30 万元[EB/OL]. 央广网.（2015-11-02）[2019-01-25]. http://sn.people.com.cn/n/2015/1102/c340887-26992672.html.

[71]　李明琨，鹿艳，张佳玮. 基于市场细分的我国高速铁路客运定价方法与策略[J]. 价格月刊，2015（7）：12-15.

[72]　徐志刚. 哈尔滨铁路局货物运输营销策略研究[D]. 哈尔滨：哈尔滨工业大学，2008.

[73]　秦阳. 铁路货运价格制定辅助决策系统研究[D]. 成都：西南交通大学，2017.

[74]　程金星. 基于效益最大化的铁路局日装车计划决策支持系统研究[D]. 北京：北京交通大学，2012.

[75]　王金宝. 铁路超限货物运输径路选择研究[D]. 北京：北京交通大学，2009.

[76] 黄玲颖，韩宝明，颜颖. 我国客运专线应用收益管理的可行性分析[J]. 铁道运输与经济，2008（3）：7-10.

[77] 任美珍. 铁路旅客运输的合理定价[D]. 南昌：华东交通大学，2006.

[78] 赵峻. 我国铁路客运市场定价策略研究[D]. 上海：复旦大学，2005.

[79] 陈琳. 营改增对铁路物流运输业的影响探析[J]. 商场现代化，2014（17）：62-63.

[80] 孙朝苑. "网运分离"条件下铁路运输成本的测算研究[D]. 成都：西南交通大学，2002.

[81] 王浩. 可持续发展的运输价格及对旅客支付意愿研究[D]. 北京：北京交通大学，2007.

[82] 田军. 铁路机务段营运成本的分析与控制[D]. 北京：北京交通大学，1999.

[83] 张姗姗. 铁路客运专线运输作业成本测算研究[D]. 北京：北京交通大学，2007.

[84] 马崇岩. 高速铁路运输成本问题研究——以京沈高速铁路为例[D]. 成都：西南交通大学，2014.

[85] 王天忻. 铁路运输企业物流成本控制[D]. 北京：首都经济贸易大学，2005.

[86] 张楠. 铁路综合调度系统中行调子系统的研究[D]. 北京：铁道部科学研究院，2005.

[87] 朱又亮. 铁路客运列车线路使用费定价探讨[J]. 中国总会计师，2017（6）：124-125.

[88] 侯敬. 欧洲铁路基础设施定价[J]. 中国铁路，2008（12）：55-59.

[89] 王颖. 利用 ERP 思想推进信息化对铁路运输企业的启示[D]. 北京：北京交通大学，2002.

[90] 金波. 铁路运输成本计算引进作业成本法初探[J]. 铁道经济研究，2003（4）：34-37.

[91] 杨陈. 旅客列车运行成本及效益核算分析管理系统[D]. 成都：电子科技大学，2005.

[92] 郑永奎. 客运专线运输成本的测算方法研究[D]. 成都：西南交通大学，2011.

[93] 赵晨，吕成文. 铁路客货运输作业成本计算方法研究[J]. 铁道

经济研究，2009（1）：42-45.

[94] 高婧. 基于作业成本法的经营杠杆研究[D]. 太原：山西大学，2011.

[95] 宋丽莉. 铁路客车需求总量计算方法研究[D]. 北京：北京交通大学，2004.

[96] 郭建波. 作业成本管理法在铁路运输企业应用的研究[D]. 北京：北京理工大学，2002.

[97] 侯海永. 旅客列车开行综合效益分析与评价[D]. 成都：西南交通大学，2006.

[98] 刘启钢，丁小东，周凌云，等. 高铁快运市场定位及产品谱系设计[J]. 铁道运输经济，2016，38（2）：12-16.

[99] 陈颖，杨晓. 通道货运分担率预测的 LOGIT 模型特性变量选取[J]. 价值工程，2013，32（1）：12-13.

[100] 刘焘，谭忠富，魏志恒. 期望效用模型在电源投资规划中的应用[J]. 现代电力，2005（5）：79-83.

[101] 阎玮. 中国铁路产业发展趋势及发展阶段分析[D]. 北京：北京交通大学，2011.

[102] 张玺. 高速铁路客运定价策略的研究[D]. 兰州：兰州交通大学，2015.

[103] 吕婷. 基于非集计模型的常规公交—拟建城市轨道交通客流转移研究[D]. 西安：长安大学，2011.

[104] 尹逸云. 基于 BP 神经网络的 LOGIT 交通方式划分模型研究[D]. 长沙：长沙理工大学，2008.

[105] 穆蕊. 基于出行活动的非集计模型研究及应用[D]. 北京：北京交通大学，2010.

[106] 李念. 国有企业经理人监督系统建模及经济效果研究[D]. 北京：华北电力大学，2015.

[107] 孙羽丰. 铁路货物快运产品竞争定价方法研究[D]. 北京：北京交通大学，2015.

[108] 朱江艳. 基于 Repast 仿真平台的发电商演化博弈竞价策略研究[D]. 北京：华北电力大学（北京），2010.

[109] 陈国波. 我国铁路"主辅分离"改革研究[D]. 成都：西南交通大学，2004.

后 记

    本书是"铁路改革研究"丛书的一本，主要涉及铁路运输定价机制问题。

    我国现有铁路运输定价机制长期受到"政企合一"经营模式与铁路运价高度严格管制的影响，不能适应日趋激烈的竞争和铁路运输市场化步伐，暴露出定价方式单一且僵化、不能反映市场供需、不能适应良好市场竞争、不能保障铁路运输企业经济效益等问题，铁路运输定价机制急需改革。

    价格机制作为市场机制的基础与核心，引导着市场经济活动并调节社会资源的分配，同时价格的形成对市场竞争和企业行为有着重要影响。考虑我国铁路"网"以公益性为主、"运"以商业性为主的差异，结合"路网宜统、运营宜分、统分结合、网运分离"的网运关系调整趋势，全面落实中央《关于深化国有企业改革的指导意见》中"分类改革、分类发展、分类监管、分类定责、分类考核"的思路，提出了"铁路公益性部分采用成本导向定价，铁路商业性部分采用竞争导向定价"的铁路运输定价机制改革思路。

    我国铁路运输定价机制改革应区分公益性与商业性范围，遵循逐步调整定价权归属、渐进式放松定价权限、不断加强运价监管包括成本核算与价格合理上限限制。在网运关系调整后实现市场化的铁路运输价格制定，进而为铁路公益性补偿制度性安排创造有利条件。

    本书的研究重点是结合我国当前改革实际情况和发展思路，根据铁路路网以公益性为主和铁路运营以商业性为主提出具有针对性的铁路运输定价方法，并简要阐明了我国铁路运输定价机制改革总体思路和其他保障措施与建议。

总体来说，本书内容丰富，涉及面广，实践价值高，写作难度大。但是，考虑到当前铁路改革发展的严峻形势，急需出版铁路改革研究丛书以表达作者的思考与建议。该系列丛书的初衷在于试图帮助构筑全面深化铁路改革的完整体系，而对于若干个关键问题的阐述尚不够深入，甚至存在不足之处，恳请专家与读者提出宝贵意见和建议，以便再版时修改、完善。

西南交通大学黄蓉、陈瑶、丁祎晨、唐莉、王孟云、乔正、诚则灵、任尊、雷之田、戴文涛、曹瞻、胡万明、李斌、张瑞婷、池俞良、马寓、曾江、赵柯达、杨明宇、霍跃、宗小波、熊超、卓华俊、罗桂蓉、徐莉、孙晓斐、李岸隽、陆柳洋、谢媛娣、徐跃华、丁聪、石晶等同学在本书撰写过程中承担了大量的资料收集、整理工作。感谢他们为本书的撰写和出版所做出的重要贡献。

最后，本书付梓之际，衷心地感谢所有关心本书、为本书做出贡献的专家、学者以及铁路系统的相关同志！

左大杰

2018 年 11 月 2 日